ETF
大 贏 家

股魚教你紅綠燈超簡單投資術

自序

在證券股票的市場中，主動式交易基金始終吸引著眾人的目光，其中的特點不外乎以一個看似合理的訴求來吸引投資人將資金投入，而該點訴求便是將資金交給專業經理人與團隊代為處理投資，我們只要在家裡輕輕鬆鬆就可以獲得投資團隊的績效結果，這個過程只要付出一點點的手續費與保管費。

這樣的投資工具推出之際，確實讓市場中眾多的閒置資金找到一個合理的出口，誰不想要在家裡就能輕鬆投資呢？更何況一個人的力量有限，金融投資又有門檻與知識的問題，若能委由專業團隊來處理是再好不過了。然而市場中存在的基金卻有著生存者誤差的問題，能進入投資人挑選清單的都是生存下來的基金，更多是因為績效不良被整併或是清算。

若主動式投資基金交給專業團隊卻也是落得績效不佳被清算的下場，那投資人付出了一堆手續費便十分不值得。因而在投資市場中便有人發現這樣的弊病，於是乎推出被動式基金的產品，也就是採用複製指數成分的策略。

會有這樣的產品產生是因為主動式基金為了驗證自己的績效優劣，必須要有一個對照數據，那麼無管理的大盤指數便是最佳的績效比較。若大盤年度的漲幅為 10%，而主動式基金卻達到 12%，那麼當年度的績效表現便是超越大盤，基金經理人會因此得到優厚的年終報酬。

但就事實而言，超越大盤本來就是投資人對於主動式基金的必要性要求，你想想看，源源不絕的大筆資金持續投入，加上專業投資團隊操盤，超越大盤本屬合理期待，不然錢交給自己處理不就得了？但我們所看到的似乎不是如此，主動式基金能年年超越大盤者寥寥可數。表 2 是個統計資

料，統計台灣主動式基金連續 5 年的累積報酬率（民國 96 年～ 100 年）以及其與被動式基金（台灣 50 ETF）進行主動式和被動式績效比較，整個統計區間共有 418 檔基金。

你知道主動式基金績效優於被動式基金的比例有多少嗎？ $102 \div 418 = 24.4\%$。對，你沒看錯，418 檔中只有 102 檔優於被動式基金，佔全體比例的 24.4%。換言之，市場中大多數的主動式基金沒有達到超越大盤的績效要求。那我們不禁要思考，我們為什麼要花錢去買一個績效不佳又收手續費的產品，而不願意去買一個績效良好手續費又很便宜的產品呢？

從費用角度來看，在資金投入的那一瞬間整個績效差異就已經有了 5.2%-0.5975%=4.6025% 的距離。簡單來講，主動式基金要比被動式基金多出 4.6025% 的報酬率，才算是有真的發揮出經理人的功能。而這個報酬率的距離事實上是很困難的，也就是說主動式基金因為有經理人操盤的關係，投資人必須要多付出一點費用做為成本，但是這樣的付出得到的卻是只有 24.4% 的機會能買到真正超越大盤績效的主動式基金。

表 1：主動式基金與被動式基金之費用支出比較

項目	主動式基金	被動式基金
申購手續費	3%	0.1%
投資經理費用	1.5%	0.32%
維護費用	0.5%	0.035%
信託管理費（贖回）	0.2%	0.1425%
合計	5.2%	0.5975%

備註：被動式基金費用係以 0050 台灣 50 作為範例計算。不同的被動式基金費率基礎均不相同，實際投資時應以該基金的當年度公告內容為準。

資料來源：股魚整理

表2： 主、被動式基金的差異－國內基金近5年績效紀錄

基金名稱	單年度報酬率（年初持有單筆）				
	96年	97年	98年	99年	100年
ETF 0050 - 台灣50	10.3%	-43.3%	75.0%	13.1%	-15.8%
安泰ING泰國基金	63.7%	-48.1%	69.5%	34.8%	-11.2%
統一大滿貫基金	39.8%	-45.8%	94.7%	12.7%	-5.8%
永豐永豐基金	32.8%	-32.4%	79.1%	17.7%	-18.8%
永豐中概平衡基金	24.0%	-27.9%	64.1%	14.7%	-10.4%
群益亞太新趨勢平衡基金	30.2%	-38.0%	51.2%	15.0%	-0.6%
第一金馬來西亞基金	32.8%	-44.4%	51.9%	26.9%	-2.4%
台新北美收益資產證券化基金	12.1%	-24.9%	25.9%	17.0%	9.4%
永豐永益平衡基金	9.0%	-25.5%	63.6%	8.5%	-8.6%
匯豐成功基金	14.5%	-37.7%	55.0%	25.9%	-6.1%
永豐趨勢平衡基金	21.4%	-31.5%	42.2%	19.9%	-11.6%
群益安家基金	24.6%	-24.0%	35.5%	8.2%	-10.5%
安泰ING新馬基金	28.2%	-43.0%	53.1%	22.1%	-9.4%
富鼎全球固定收益組合基金	2.8%	0.9%	15.8%	6.6%	-4.8%
統一強漢基金	19.8%	-41.7%	86.1%	7.8%	-13.5%
復華全球債券組合基金	1.2%	-3.2%	21.7%	7.8%	-5.9%
聯邦優勢策略全球債券組合基金	0.8%	-1.6%	14.9%	4.7%	0.3%
復華人生目標基金	5.2%	-7.8%	40.4%	0.4%	-12.6%
摩根全球平衡基金	14.1%	-13.2%	18.0%	4.3%	-3.2%
群益多重收益組合基金	0.1%	-0.5%	13.4%	4.3%	0.1%
復華全球債券基金	5.0%	5.4%	3.9%	2.7%	-2.0%
復華奧林匹克全球組合基金	4.2%	-3.3%	14.7%	5.6%	-5.2%
華南永昌全球亨利組合基金	2.9%	-1.4%	11.6%	3.2%	-1.2%
富蘭克林華美全球債券組合基金-累計型	3.8%	-5.8%	17.1%	6.1%	-5.0%
瀚亞精選傘型基金之債券精選組合基金	3.4%	-4.8%	8.6%	4.4%	3.4%
宏利台灣動力基金	23.7%	-43.5%	75.1%	15.7%	-18.8%
保德信金平衡基金	17.6%	-23.2%	31.7%	11.9%	-13.7%
摩根JF平衡基金	11.5%	-21.2%	28.6%	4.9%	-3.4%
保德信全球債券組合基金	1.8%	0.5%	11.0%	2.9%	-2.1%

∼

基金名稱	96年	97年	98年	99年	100年
安泰ING鴻揚貨幣市場基金	1.6%	1.7%	0.3%	0.3%	0.5%
寶來得利貨幣市場基金	1.5%	1.7%	0.2%	0.3%	0.6%
新光吉星貨幣市場基金	1.5%	1.6%	0.3%	0.3%	0.6%
安泰ING精選貨幣市場基金	1.5%	1.6%	0.3%	0.3%	0.5%
新光台灣吉利貨幣市場基金	1.5%	1.7%	0.2%	0.3%	0.6%
施羅德新紀元貨幣市場基金	1.6%	1.6%	0.3%	0.3%	0.6%
摩根JF第一貨幣市場基金	1.6%	1.6%	0.3%	0.2%	0.6%
德盛安聯亞洲動態策略基金	19.6%	-44.0%	59.4%	16.6%	-16.2%
德盛安聯台灣貨幣市場基金	1.6%	1.6%	0.3%	0.3%	0.5%

資料來源：股魚提供

更多時候是投入買到的基金連被動式都不如，但即便是如此，仍有許多人將資金投入到主動式基金的懷抱中，這部分我們就不能不讚嘆廣告行銷的功力，是如何塑造出美麗的願景讓人做出不理性的投資決策。當然更重要的原因是，被動式基金沒有主題性與可宣傳性，僅是單純的追蹤複製大盤指數績效，無法造成口碑討論的效果，而一般的主動式基金則是可以藉由投資標的內容營造出數種主題，像是早期的金磚四國基金、黃金礦業基金、綠能環保基金、生技醫藥基金等。每一項都是依據當年度最熱門的主題來量身打造，至於績效好不好就另當別論，只要招募資金的目的有達成，對於基金公司而言就足夠了。

　　投資最重要的事情就是看好自己的荷包，聰明的做出投資決策。若是一個無聊的工具可以創造出趨近於大盤的報酬（台股大盤年平均報酬率約為 8%），跟一個很有話題性但有 75% 以上的機率會落後大盤，甚至經常是負報酬的工具比較，聰明的投資人當然要選擇無聊但有績效的投資工具，畢竟落入口袋的資產成長才是我們投資的重要目的，話題性的東西就留給其他不在乎報酬率的人就好。

　　然而被動式基金看似隨機波動，但透過其他投資指標的輔助，除了貼近大盤這個原本就有的效果外，還可以進一步的創造出用被動式工具得到超越大盤的投資成效，更重要的是這個技巧還很簡單，只要關心一下新聞就可以做到，如此簡單又有效的技巧怎麼可以錯過呢？

股魚

目錄

前言
當你沒時間又想賺到大盤的報酬時，還有什麼選擇？

每年投資市場總是吸引無數人前仆後繼的湧入，希望能在這個夢想之地找到一個屬於自己的黃金泉源，但在投入大量的心力學習各種技巧之後，才發現自己的投資績效居然遠遠落後於大盤，要不就是賺了指數賠了價差。以 2018 年為例，指數站上萬點的時間破了以往紀錄，更多人並沒有因此獲利賺錢，反而是虧損連連。

在各種討論區中總是上演著各種畢業文的言論，不論是股票、權證、期貨，甚至於基金，在各種指數高低起伏，這些離開市場的人總是能說出自己退出的緣由，不外乎是虧損超過自身能力可以負擔的範圍，或是看錯走勢認賠出場。

市場中有一種 80/20 的說法，其意義是有 100 個人投入時，能獲利的人佔其中的 20%，其餘的 80% 都是虧損。就作者本身觀察，在股票市場中改為 90/10 也不為過，能真正站穩市場找到自己獲利模式者非常稀少，若更進一步來看，這只是討論是否能夠獲利，若再將超越大盤作為基準的話，那比例又更加的稀少。

我們在市場中投資所追逐的並非只是獲利，而是更高的目標：「超越大盤指數」。大盤指數報酬率作為市場投資績效的基準值，若市場波動一整年的投資報酬 8%，而投資人積極操作後所獲得的報酬率卻低於 8%，那豈不是跟做白工沒有差別。其實投資公司的基金經理人也是以超越大盤指數作為年度目標，其道理也在此。

圖 1 中，以貝萊德世界科技基金為例，灰色線表示該基金以 "Dow Jones U.S. Technology Index" 做為績效基準，黑色線則是該基金的報酬率表現。該基金公司以這樣的比較圖來說明其所操盤的基金績效優於指數報酬與同類型基金的報酬率。

但不見得每檔基金都有這樣的績效表現，更多的時候是績效遠遠落後於大盤。而一般人投資所面臨到的問題是有心而無力，日常的工作生活中被各種事務所困住，在無法自行研究個股表現投入資金之際，只好退而求其次轉而將資金交給專業經理人打理，卻沒想到基金的總類已經多到難以想像，而績效落差又極大。選擇好基金的難度並不低於選擇好股票，難道說我們就只能放棄了嗎？

其實還有一個好的選擇，就是被動式指數基金 ETF。剛剛有提到基金經理人是以大盤作為績效優劣的基準，而大多數的基金其實績效落後大盤。那我們轉念想一下，既然基金績效不見得優於大盤，那我們直接買大

黑色線為該基金的報酬

灰色線為該基金的目標指數報酬

淺灰色線為同類型平均

圖 1：主動式基金報酬必須超過大盤，否則扣除操作成本，就一切白做工

資料來源：MoneyDJ

盤不就好了？如此一來，既不用擔憂經理人績效問題，也不用擔心沒賺到大盤整年度的績效表現，真是一舉兩得。

　　指數型基金的特點在於複製大盤的指數權重與波動表現，基本上與大盤漲跌趨勢一致（幅度上會因為個股權重的關係，略有差異），只要買進後就不需要擔心個股的表現，只要看著大盤整體狀態即可。投資人也不需要每天擔心所買進的個股是否遭遇特定產業風險與技術替代性風險，這樣一來，就可在正常工作之餘盡情的投入資本市場之中，享受資本市場所帶來的資產增長的樂趣。

　　作者本身除了是位專業投資人外，也十分支持被動式投資理念。從台股第一檔 ETF 台灣 50（0050）發表以來，並投入該工具中，除將 ETF 納入基本投資組合外，也積極的尋找不同的判讀技巧來提高 ETF 報酬表現。本書中除了推薦 ETF 工具外，也跟各位讀者分享利用景氣燈號來找出買進與賣出時點的技巧，讓這樣的工具除了可以長線累積報酬，也可以進行短線積極操作來提高整體表現。

第 1 篇

投資有簡單的方法

每一個中產階級都應把閒置資金的報酬放到最大！也許你想到投資個股，但是除非你願意投入大量的時間去研究你的投資標的，否則，投資個股其實像賭博。你不如抱著一支有代表性的 ETF，5.5%？7.8%？至少你可以穩穩的賺到，好過你買到地雷股，一切打水漂。

Ch 1

景氣循環和股市有什麼關係

1-1 投資前先看看整體經濟情勢

當中美之間因貿易問題出現劍拔弩張的狀況時，兩國分別祭出各種不同方式來因應對方的手段，眼看貿易大戰即將引爆，帶動了相關廠商紛紛找尋新的出路。而在交鋒期間，世界各國的貨幣與股市也因此連動漲跌。一般認為，在這場貿易戰中可能沒有所謂真正的贏家，只有最終交換到的利益是否符合期待。

試想一下，當大象在打架時，周遭地面隨之振動是必然現象。當兩個大國掀起貿易大戰，互拉盟友之際，台灣這樣一個小經濟體只能隨著局勢變化找出適合自己的出路。

●◐ 為什麼會有貿易大戰呢？

起因於美國宣稱兩國貿易關係是不對等的關係，要求進行改善與減少中國政府單位對於企業過度的補貼。但除此之外，尚有其他的因子陸續被暴露出來，像是美國企業進入中國市場必須與大陸企業合資，並投入一定的資本額度，其更甚者會要求交出企業的技術機密，來換取進入市場的機會。

以 Google 這間公司為例，該公司曾於 2011 年時退出中國市場，主要的原因是該中國市場要求資訊審查，所有搜尋的結果必須要符合中國政府的管制措施，像是南京大屠殺、六四天安門等等關於政府的負面訊息。另

一方面，政府單位要求交出並允許監控機要資訊更是與美國企業的隱私規範不符，該公司為了貫徹主張，選擇退出了中國市場（另一個原因是，在中國市場中與百度的競爭處於下風，因此在競爭與保護隱私的雙重考量下，做出退出的決定）。

相關的情事形成一波又一波的抱怨，使得美國企業在各種國內商會場合中，針對在中國的投資限制、進口配額等保護主義法律與政策，向政府官員進行不具名的抱怨，要求美國政府關注中國的貿易壁壘與不平等問題。但美國總統川普上任後，川普認為原本為了因應中國問題與 11 個國家（澳洲、汶萊、加拿大、智利、日本、馬來西亞、墨西哥、紐西蘭、祕魯、新加坡及越南）所簽訂的 TPP（跨太平洋夥伴關係協定），對於美國來說是一項糟糕的交易，並指出該協定對美國是個潛在威脅，要求重新展開公平的雙邊貿易協定談判來取而代之。

隨後雙方開始審查各項進出口條件，並對於各項物品課徵不同的附加性關稅。到此原本的關稅減免促進貿易流通的時代轉變成貿易障礙升起，各國紛紛以保護國內產業的名義對不同的進口項目課徵不同的關稅額度，而這樣的進程造成廠商銷售價格的上升與淨利減損增加（如圖 1-1-1）。

先試想一個問題，消費者對於價格的變動是否相當敏感？在商品價位不一定能轉嫁出去，或是順利轉嫁但伴隨銷售量下降的惡果時，這一切的後果都將反映在整體的經濟情勢與個股價位上。

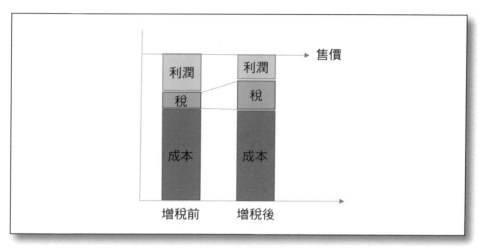

圖 1-1-1：稅額與利潤互為消長

資料來源：股魚整理

●○○ 貿易大戰與景氣循環的關係

　　貿易大戰屬於景氣循環的影響因子之一。從整體市場角度來看，當各地呈現安穩的狀態時，所有的市場都會以穩定向上的角度來發展；而當出現特殊事件的時候，才會造成市場激烈變動，甚至於改變原來的走向。以近期的案例來看，2008 年雷曼的連動債事件造成金融風暴的發生，就是造成整體景氣由盛轉衰的一個主因。

　　當時的雷曼兄弟銀行因 6,130 億美元的債務而宣布破產保護，此一事件造成金融市場的信心潰散，逼得政府單位不得不出手搶救，爾後所發布的救市政策便是著名的量化寬鬆（QE）政策。此一政策足足維持了將近10 年的時間，最後才在 2018 年透過各種管道暗示市場該政策即將退場。

　　一般來說，金融危機泛指各種金融指標在短時間發生惡化的現象，像是短期利率、獲利匯率、證券指數、房地產價格、企業與金融機構破產的

圖 1-1-2：某金融機構爆發擠兌風潮

資料來源：newsancai.com

惡化現象，而這通常會伴隨著像是信用緊縮或消費緊縮的狀況。以台灣為例，當銀行傳出可能破產的消息，存戶會擔心自己所存入的金額會隨著該金融機構的破產而一夕間化為烏有，此時人們的直覺反應便是立即衝到該機構的窗口，將所存金額全數領出，一傳十、十傳百的後果會造成擠兌的現象。而擠兌會使得該機構內的現金庫存大幅下降，造成放款與保證金準備不足，進而使破產噩夢成真。當有一間機構發生時，便會造成其他人對於其他金融機構的聯想，觸發各式的連鎖反應（如圖 1-1-2）。

像中國清朝的紅頂商人胡雪巖曾經營阜康錢莊，也是因傳出資金周轉不當可能會挪用用戶存款的消息，導致人們紛紛前往各地錢莊將錢領出，然後造成該錢莊各地的分號全部關閉，一代紅頂商人迅速由盛轉衰，使得他無奈將身邊所有妻妾奴僕全部遣散，自己則是在窮困潦倒中去世。

由此可知，金融風暴通常是由一個小點擴散出來，進而影響人們的心理預期，帶動了某些集體行為。而這個行為會加速惡化的現象更快地發生，在古代如此，在現代也是一樣。

金融風暴的特徵是事件讓人們對於未來更加的悲觀，將整個循環模式由正向轉為負向特徵。以國家做為經濟體的表徵往往會出現貨幣貶值、經濟總量下降、經濟增長出現打擊，使得企業難以經營，造成失業率上升（在金融風暴期間，台灣盛行無薪假的情況便是企業經營困難所衍生的成本控管手段）。當失業率提高、市場蕭條，則民眾的消費意願會大幅下降，讓國家政經產生激烈動盪。

請試想一下，有句話是這樣說的，覆巢之下無完卵。當一個鳥巢掉落在地上時，放在該鳥巢內的卵還能有完整的嗎？這指的是當一個人出事，其他人也難以倖免。當個體出事引發金融風暴時，處於金融風暴內的所有人都幾乎難以倖免。從這個概念上來看，便是所有的企業都會連帶出事。當太多企業出事時，整個景氣就會出現下滑的跡象，此時股票市場的狀況也不會好到哪裡去。

所以在分析的過程中，經常會將總體經濟視為一個重要的指標因子。也許可以找到對於經濟循環較不敏感的企業，但透過這種形式找標的也相對辛苦。而在景氣好時大家都獲利，對於切入投資要能獲利的難度也大幅下降，所以在投資之前仔細觀察總體狀況，來調配資金比例是必要的動作。

1-2 景氣循環：短跌搭配長漲

年有四季變化，月有陰晴圓缺。這世間的萬事萬物都以一種固定循環的模式在這世上運作著，以年為例，一年有四季：春、夏、秋、冬。在不同的季節，我們普遍認知會有不同的場景出現，而不同的場景需要配合不一樣的作法。像是在夏季氣候炎熱，會將衣著換成短袖衣物，而飲食習慣也會以涼爽清淡為主。換成冬季，則是長袖衣物的穿著搭配熱呼呼能暖身的飲食為主。季節循環並不是什麼特殊的概念，而僅僅是日常生活的一部分。

季節會有循環，景氣當然也會有循環。這裡的景氣係指商業活動所帶來的種種結果；當商業活動熱絡的時候，會一併帶動消費成長，舉凡廠商的產能擴張所衍生的機械設備採購行為、原物料增購、銷售活動的增加，而下游廠商也因為活動增加開始增聘員工來對應。反之，在景氣低迷的時候，整個行為就會顛倒過來。只是說這樣的循環週期並不像季節有明確的時間點發生，起始與結束時間也沒有固定的長短，人們比較不容易判斷與對應。

用比較學理的角度來看，一個循環是指許多經濟活動大約同時發生擴張，隨後發生收縮、衰退，然後又開始復甦的情形。這一連串的波動會周而復始，但不定期的發生，其持續期間由 1 年以上到 10 年不等。一個景氣循環週期包含一個擴張期（expansion，即介於景氣谷底（trough）至景氣高峰（peak）之期間）及一個收縮期（contraction，即介於景氣高峰至景氣谷底之期間）。

整個概念上會像是個上下波幅。理想上希望每個震盪區間一致，方便我們預計下一個事件發生的樣態，但實際上這是不可能發生的。在現實生

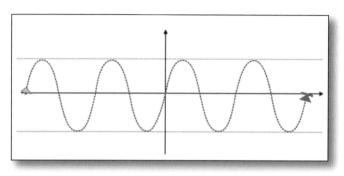

圖 1-2-1：理想景氣循環週期

資料來源：股魚整理

活中有許許多多的變數於期間加入，造成每個週期持續的時間長短都不一致。像是之前所提的 2008 年金融風暴，整個擴張期從開始至今已超過 10 年的時間，當時美國聯準會祭出量化寬鬆（QE）的手段，對市場注入大量的資金活水來維持市場的流動性，整整 10 個年頭過去，到了 2018 年才陸陸續續發出聲明，逐步縮小規模，讓干預程度下降，使其回復正常的市場機制。

若從台股的大盤指數來看，風暴開始前的 8,800 指數位置到風暴激烈影響整個市場信心，造成指數崩落至 4,000 點以下，也不過不到半年的時間。這段時間除了美國外，其他政府也紛紛祭出手段來挽救。

你說什麼？這是美國金融企業捅出來的簍子，遠在天邊的台灣不應該受到影響。當你這樣想的時候，便弄錯金融市場的概念。我們現正處於全球經濟一體化時代，每一個國家看似資源獨立卻又彼此需要；當 A 國家出問題的時候，所連帶的並不僅僅是當地的問題，而是連其他國家在此的投資都會受到影響。

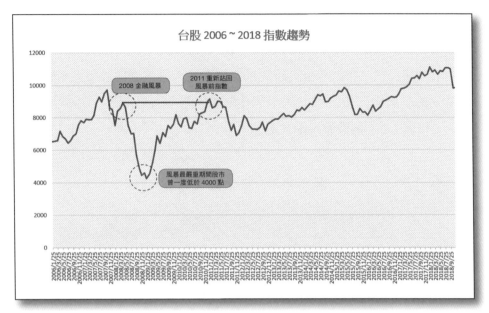

圖 1-2-2：台股 2006 ～ 2018 年指數趨勢

資料來源：股魚整理

　　美國當地的跨國企業出了狀況祭出救市政策，使得資金快速回流美國本土，這像不像之前章節談到的「擠兌現象」，快速擠兌的結果會造成崩壞。將資金抽走該企業在當地的工廠便會停擺，那麼工人將被強迫資遣，使得就業率下降，產生一批又一批的失業人口，若時間拖太長了，甚至會造成暴動。所以在觀察經濟走勢的時候，並不僅只是著眼在自己所處的地方，而是要多方的觀察局勢變化。

　　由大盤指數上來看，從低點回穩到再次站回風暴前指數位置，整整經歷了 3 年的時間。所以可以得到一個概念，若將大盤指數當成景氣循環的縮影，從低點再站回原本位置的時間比預期中來得久。

那我們怎麼找出景氣循環的週期性與時間性呢？可以利用政府機構（國家發展委員會）所制訂的基準循環數列當成參考，來瞭解每一次的景氣循環週期長短。而該單位為研究景氣循環，一般常選取重要且高頻（如每月）的經濟數列做為代表景氣變化的參考標準，此稱為「基準循環數列」。以表 1-2-1 指數做為基準數據：

表 1-2-1：基準循環數列

Item	指標
1	GDP
2	工業生產指數
3	製造業銷售量指數
4	批發、零售及餐飲業營業額
5	非農業部門就業人數
6	實質海關出口值

資料來源：國發會、股魚整理

依據這 6 個指標可以繪製出如表 1-2-2 資料。

表 1-2-2：1955 ～ 2014 年台灣景氣循環基準

循環次序	景氣轉折點（年、月）		持續期間（月數）		
	景氣高峰	景氣谷底	擴張期	收縮期	全循環
-	-	1954.11	-	-	-
1	1955.11	1956.09	12	10	22
2	1964.09	1966.01	96	16	112
3	1968.08	1969.01	31	14	45
4	1974.02	1975.02	52	12	64
5	1980.01	1983.02	59	37	96
6	1984.05	1985.08	15	15	30
7	1989.05	1990.08	45	15	60
8	1995.02	1996.03	54	13	67
9	1997.12	1998.12	21	12	33
10	2000.09	2001.09	21	12	33
11	2004.03	2005.02	30	11	41
12	2008.03	2009.02	37	11	48
13	2011.02	2012.01	24	11	35
14	2014.01	-	33	-	-
平均			38	15	53

資料來源：國發會、股魚整理

從平均數據中可以得知，台灣市場每次的景氣全循環的週期大約落在 53 個月之間，擴張的月分為 38 個月，緊縮的月分則為 15 個月。大致上維持擴張大於緊縮的狀態，所以整體經濟才能維持穩定成長，而我們從這個地方也可以瞭解到景氣低迷的時間並不如想像中的久。不論是從大盤的 K 線資料，或是國家發展委員會所發布的基礎循環資料都可以看出，緊縮時通常來得又快又兇，隨之而來便是緩步的回到正常經濟的軌道上。而本書在投資上的重點便是怎麼利用這段緊縮期間讓投資效益做到最大化，運用景氣循環特性找出最佳的投入時機。

1-3 股市是多重產業的組合

　　總體經濟並不是單一個體活動的結果，而是泛指各項指標的結合，像是貨幣政策、房地產榮枯、消費力增減運用統計分析手法所獲得的數字，用來表達一個國家單位發展的狀況。而股票市場本身也是類似的情況，大盤指數並非單一個股的股價表達，而是由許多企業單位股價所組成的。每家企業分別位居於不同的產業鏈上，產業景氣週期循環的結果會造成股票市場在不同時期價位波動的不同。

　　而在不同的時期會造成不同的個股受資金追捧的狀況不一。就個股來講，股價會受到不同產業面、消息面與基本面等的推動影響，造成股價在特定時間激烈的震盪。

產業面：

　　泛指企業所處的聚落、上下游的供應鏈關係與需求的強弱。一般在進行個股選擇時，會建議投資人選擇在擴張中的強勢產業，也就是俗稱的「風口在哪邊」。選到正確的風口站在順風處上，連豬都會飛天，這是形容當產業順境時就算企業經營體質不強，也能在該趨勢下獲得不錯的利潤成果。

消息面：

　　係各種產業與財經面的訊息，在投資市場中各種訊息都可能帶來不一樣的行為模式與心理預期。就像是早上聽到油價隔天即將會漲一元，晚上就看到一堆車子跑去加油站加滿油一樣。2018 年較為誇張的例子為衛生紙之亂，有廠商暗示衛生紙因紙漿供應不足，將提高市售衛生紙售價，因

該用品為主要日常用品的關係，各家庭紛紛出動到大賣場將衛生紙掃購一空，事後找出消息的源頭並予以懲戒之後，該異常舉動才漸漸平息下來。套用在股票市場內也是一樣的，當預期有公司會受惠於某項政策時，就算還沒反應的營收增長也會因為投資人心理的預期，便會帶動股價的成長。

基本面：

狹義來講，就是企業整體經營的成果用財務數據的優劣來表達。當企業真實受惠於某項趨勢與產業面變化時，最終應反應在企業真實的經營成果上。該數據經會計師認證後發布，做為投資人購入前的參考。我們經常會說消息面可能為虛實難辨，但基本面必為真實的成果。就整個反應的歷程來看，經長時間產業面發生趨勢上的變化後，帶動各種消息面的傳出，而最終由企業的基本面來呈現各種成果。

從報酬率的角度來看，能夠在越早期就介入就有機會獲取報酬率的極大化，那麼追蹤產業面趨勢似乎是個不錯的作法。但要提醒投資人的是，追蹤產業面的變化有點像是風險投資，從事後來看，我們當然可以確認產業趨勢是什麼，但實際在當下卻不只一個趨勢在發生，最後能站穩的只有其中一、二種，怎麼精準的判斷產業趨勢發生就有賴於投資人長期所培養的洞察力。

●○ 不同時期產業趨勢帶動的個股表現

2003 ～ 2007 年間為原物料類股大好的時期，其主要原因是中國崛起，各項基礎建設大幅啟動，造成原物料需求供應吃緊，其間像是水泥類股、鋼鐵類股、航運類股等紛紛受惠於該需求。以航運類股的 2606 裕民為例，該公司是航運類股主要的獲利代表。在原物料需求供應大幅增加的

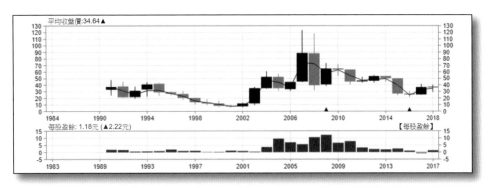

圖 1-3-1：裕民受惠於原物料產業景氣，股價與獲利皆成長

資料來源：Goodinto！台灣股市資訊網

表 1-3-1：2002 ～ 2018 年裕民股利政策表

年度	現金股利	股票股利	合計
2018	1.2	0	1.2
2017	0.75	0	0.75
2016	1	0	1
2015	2.2	0	2.2
2014	2	0	2
2013	2.5	0	2.5
2012	3	0	3
2011	5	0	5
2010	5	0	5
2009	6	0	6
2008	8.5	0	8.5
2007	5	0	5
2006	5	0	5
2005	4	2	6
2004	2	1.5	3.5
2003	0.5	0	0.5
2002	0.7	0	0.7

資料來源：Goodinto！台灣股市資訊網

同時，表示對於載送原物料的航運需求也一併增加，市場總是如此，要比別人取得更多有限資源就必須要付出較高的代價，此時就會有受惠廠商與受害廠商的出現；而裕民在此一趨勢下屬於受惠廠商。從股價趨勢上可以看出該公司股價從 2002 年開始緩步推升，直到 2007 年時達到最高峰，此一同時該公司的股利政策也隨著獲利狀況的增長同步增加，直到 2008 年原物料多頭趨勢反轉下降，股價也隨著回復平淡（如圖 1-3-1）。

以 2005 ～ 2007 年為例，其主要推動的原因在於石油價格不斷的高漲，從每桶 50 多美元的報價一路推進到逼近每桶 130 美元。當時石油供應的量與價格出現問題時，隨之而來的便是人們積極尋找替代方案，替代性能源的呼聲高漲，舉凡風力、水力、太陽能類股都在這個時期有不錯的股價表現，甚至造就了 3454 益通成為當時的台股股王，股價一度高達 1,205。就如同之前的網際網路產業狂潮一樣，只要企業名稱跟太陽能沾

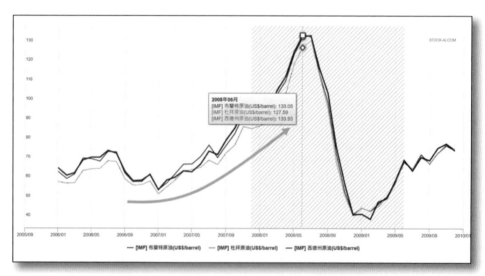

圖 1-3-2：2005 ～ 2010 年油價變化

資料來源：STOCK-AI

上一點邊的，都能受到資金的追捧，而產業的聚落也在此時形成。此時探討產業發展的原因不外乎原油價格逐步高漲，人們目光轉向到替代能源產業，當大量需求同一時間轉向，造成產能供應量不足，不論是上游供料狀況、良率的改善速度、出貨的品質等，都被當成供需失調的原因探討。

在該期間，上游的多晶矽材料一度從每公斤 20 美元漲到每公斤 400 美元的天價，可見當時的狂熱程度。當時矽晶片就像是印鈔機的基板，太陽能片的生產機器就像是印鈔機，而有了印鈔機沒有基板也沒用，因此廠商紛紛簽訂高額長約來確保上游料源的供應。

但太陽能產業並不需要什麼太高技術門檻或是具獨佔性的東西，而且除了在台灣之外，其實同一時間在全世界有著大大小小不同的太陽能企業存在著。當台灣出現太陽能產業的景氣熱潮，而其他的地方也一樣時，有供需問題就會刺激到產能的擴充，在沒有任何一家企業獨大的狀況下，各家紛紛擴充產能，想盡辦法提高獲利數字，而大量的產能開發加上各國政府對於再生能源電價輔助的縮減，獲利便會開始下降，此時為了供量穩定所簽訂的長期高價料約反變成了經營的重擔。

隨著長約陸續到期，原本以為可以擺脫虧損的陰影，大陸官方卻也在此時大舉扶植自家的太陽能企業，各地政府紛紛帶頭瘋狂式的擴充產能，並對價格造成激烈破壞，此一舉動雖然讓大陸廠商的市佔率節節高升，但也讓各國的太陽能企業陸續倒閉。至此太陽能產業的榮景已經成為過去式，還留在市場內的廠商不是傳出裁員、賣廠房求生的訊息，便是啟動多家公司合一重組的計畫，只求在市場中站穩，尋求再度找回榮光的機會。

3576 聯合再生於 2018 年 10 月 1 日正式合併新日光、昱晶與昇陽光電三家公司，企業經營型態從產能競爭轉向為系統開發經營為主，以避開大陸產能的削價競爭。

●○ 由權值股主導的股市

常聽到有句話是這樣說的:「股市是經濟的縮影」,這暗指出在股票市場內的組成狀況,大抵上可以反應初期所對應的主體環境狀況。當經濟熱絡時,股票市場也會相對的反應出相關的指數位置,要注意的是這種所謂的指數高低位置,並不是說絕對數值的比對,而僅僅是一種相對的關係。以景氣燈號的數值來看,假設景氣燈號數值為 35 分時,其股市指數的數值並不表示就一定高於燈號數值 30 分,僅只是說明當時市場的熱絡狀況。股市指數的組成有許多的因素存在,像是個股家數與權重關係的變化,在不同時期有不一樣的對應關係。

從分布圖來看,整個大盤有 1697 檔個股可供投資選擇,而這些個股除了投資人所熟悉的電子股外,尚有化工、水泥、金融、紡織、電機、觀光等不同的產業別。在景氣循環的週期內,每檔個股的際遇狀況會因為產業的趨勢不同而有不一樣的表現,像是在 2007 年末期,太陽能產業因產能大幅擴張造成報價重挫,使得相關產業股價紛紛下跌。但此時腳踏車產業卻因為休閒風興起與油價高漲,各地的人們紛紛購置腳踏車作為通勤工具,為股市帶來激烈的影響,而在此一時期有著不錯的獲利表現。

當然在其他的個股裡面也有著類似的狀況,我們可以說:當有人趨勢轉差時,便有人趨勢轉佳。轉佳且權重高的多,那整體的股市便繼續上揚,轉差且權重高的多,那麼股市重挫的機率便大幅增加。就機率上來看,當景氣熱絡的時候,大抵上雞犬升天的可能性較高,在這個時候投入市場的投資人普遍會有容易賺錢的錯覺也不足為奇。

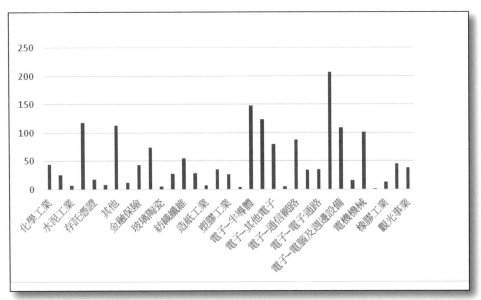

圖 1-3-3：2018 年大盤產業分布狀況

資料提供：股魚整理

●○● 加權指數

在台灣的證交所與美國 S&P 500 相同採用的是加權指數的計算模式，該指數可以反應整體市場股票價值的變動。其特點在於採用全體上市公司的市值當作權數來計算股價指數，採樣數則為所有掛牌交易的普通股。

其計算的公式為：

發行量加權股價指數＝（當期總發行市值 ÷ 基值）× 基期指數

＊基值：從 1966 年平均數

＊基期指數：100

（相關資料可參考表 1-3-2 資料）

表 1-3-2：台股加權指數基本資料

加權指數	
採樣母體	證交所上市股票
加權指數	市值加權
基值	1966 平均數
發佈日期	1967 年
基期指數	100
成分股數量	變動

績效表現	
1 年	10.37%
3 年	14.89%
10 年	10.21%

年化標準差	
1 年	8.63%
3 年	8.37%
10 年	8.83%

資料來源：台灣指數公司（2018 年）

　　從公式中可以看出，當期總發行市值為各採樣類股價格市值的總和，簡單來說，發行公司的市值越高，佔其指數的權重越高，這便是所謂權值股的由來。當代表法人與政府機構單位要控制指數起伏變化時，從權值股著手的主要原因便是在此。

　　另一方面來說，個股家數的增加也會造成總市值的增加。故證交所除了透過活絡股市來拉抬指數外，增加上市櫃公司的數量也是另一種作法，不過就效益上還是以直接拉抬權值股的效果為佳。

　　以加權指數的特點來看，股本大的公司指數的影響會遠大於股本小的企業。以台股來看，像是 2330 台積電、2317 鴻海、3008 大立光、1301 台塑、1303 南亞、1326 台化等企業，更是重量級的代表。

●●● 現在的萬點與以前的萬點是同件事？

在台股市場有個除權息計算的狀況，也就是當個股除權息時會造成股價的下跌。舉例來說，假設 2412 中華電在除權息前股價是 100 元，那麼若當期配發的現金股利 5 元，則在除權息當天股價會調整成 95 元開出，形成股價較前日下跌的現象。股價若能順利回補至 100 元，則稱為填息走勢，反之則稱為貼息。

當股價從因除權息造成總股數與開盤價位變化時，也一併會造成加權指數的變化。不要忘記了，加權指數的計算基準是「當期總發行市值」，所以在重量級權值股除權息期間指數會有「指數蒸發」的現象。以整體指數來說，若總家數不變的狀況下，每年的萬點定義肯定是不一樣的。當我

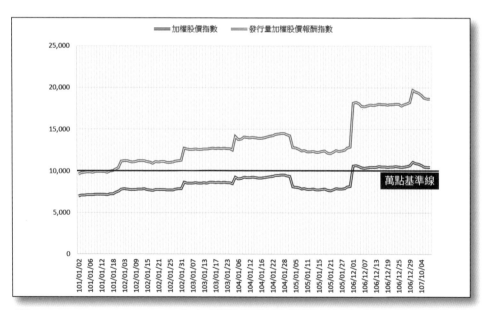

圖 1-3-4：2012 ～ 2018 年加權股價指數與發行量加權股價報酬指數

資料來源：證交所　製圖：股魚

們要瞭解整體的股價市場是長期走空、還是緩步走升，應將除權息給加回去，如此所看到的才是較為真實的狀況。此時，我們就可以參考「發行量加權股價報酬指數」來觀察變化。

我們將兩組指數放在一起觀察時，其實可以看出兩者的漲跌變化趨勢一致，以 2018 年 10 月為例，當市場觀察指數位置在 10,466 點時，將除權息還原回去的話，實際上大盤已經逼近到 18,672 點的位置。

由此我們來思考一個問題，從近 8 年的走勢圖來看，台股大盤其實處於走升的狀況，那麼處於其中的個股是否有因為大盤報酬率指數由 10,000 升到 18,000 點左右，而有等幅的報酬表現呢？其實這個答案是否定的，這可從我們之前所談的原物料、太陽能產業為例就可以看出來。大盤持續走升，但是產業個股卻因為產業與景氣趨勢的關係有激烈的起伏。大盤其實就是一種個股的分散組合（高達 1,697 檔），越分散則個股的影響越小，所取得的便是整體經濟情勢所帶來的報酬成長，這也就是指數投資的資本概念。我們常鼓勵投資朋友若沒有時間觀察產業趨勢與監測個股體質變化，那麼改為擁有整個指數獲得經濟成長的報酬也是一種不錯的選擇。

1-4 覆巢之下無完卵，
景氣與股市的連動關係

　　由循環的角度切入來看，個股的股價表現及獲利狀況事實上與產業趨勢有正向的關連性。我們曾經提到底層到上層的關係，係由個股 → 產業 → 大盤一層一層的群組累加而成，故可以瞭解到產業的變化會影響到個股獲利的變化，而大盤與景氣的變化則是會影響到產業。在好的景氣條件下要找到好的產業與賺錢的個股，相對來說是個容易順遂的道路，在景氣不好的條件下則是要找出在該期間產業趨勢仍向上的產業，並在其中找出相對應個股。

　　從投資的觀點來看，常說當他人恐懼的時候我們要貪心，指的是逆向操作的思維；但是更多的時候是，當他人恐懼的時候我們也要更加的恐懼，也就是與其在景氣低迷的時候找尋投資機會，倒不如在景氣熱絡的時候找投資獲利的機會會較容易一些。

　　就指數與景氣的關連性來看，兩者之間呈現連動的關係。若要觀察景氣的好壞，較常用的方式有 GDP 指標與景氣燈號指標兩種，在此先以 GDP 作為範例，來解釋兩者的關連性。

●● 何謂 GDP

　　GDP（Gross Domestic Product）亦稱國內生產毛額或本地生產總值，在特定期間內，一個區域內的經濟活動中所生產出之全部最終成果（產品和勞務）的市場價值（market value）。以台灣的狀況來說，大多以年度 GDP 增減來表達該數值。

其中計算的公式為：

GDP ＝消費＋投資＋政府支出＋（出口－進口）
＊消　　費：國民所有的消費金額合計
＊投　　資：居住性（住宅）與非居住性投資（機械、廠房）
＊政府支出：政府單位的建設開發與投資
＊進出口淨額：出口總額減去進口總額所獲得的貿易差額

將兩者的關係放在一起來檢視：

可以看出大盤指數與 GDP 的增長率呈現一個強相關。當 GDP 趨勢成長往下時，股市的表現便會出現下挫，反之趨勢出現成長時，則整體大盤的指數會往上發展，其整體經過統計計算的結果相關係數達 82%。也就是

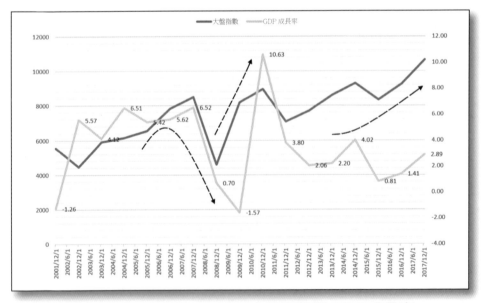

圖 1-4-1：2001 ～ 2017 年大盤指數與 GDP 成長率

資料來源：股魚整理

說，當政府單位發布 GDP 成長有逐季趨緩的現象時，在股票投資方面也會觀察到大盤指數有同步修正的現象（圖 1-4-1）。

就整個資料面來看，可以瞭解到幾件事情：

1. 大盤與景氣連動、景氣與產業連動、個股與產業連動，彼此的關係密切。

2. 當特定產業趨勢變化時，其所對應的個股獲利狀況也會隨之改變。

3. 當大環境（景氣）不佳時，大多數的企業獲利狀況也會下挫，僅有少數個股與景氣循環的關連性較低，而得以倖免，或是有些個股在該狀況下反而是受惠者（例如石油價格暴漲，依賴石油價格報價的企業獲利提高，但需要購置石油作為基礎原料或能源者反而是獲利遭到侵蝕）。

4. 整體的景氣循環週期約在 53 個月之間，其中擴張佔 38 個月，緊縮佔 15 個月。

5. GDP 開始變化時，其股市的連動關係高達 82%。

所以我們可以發現，其實景氣與大盤之間可謂是息息相關，在投資之前最好事先看看整體景氣狀況，再考慮是否適合投入資金。景氣過熱的時候，一般來講並不適合進行投資，因為此後能再繼續投入的資金與成長有限，而且因為基期已高，成長率表現也會有限。投資人受到成長率下降數字的影響，反而會將手中持股進行調整，造成股市的波動。能在景氣溫和或是低迷的時候增加手中持股，才有機會讓獲利達到最大化，但此時考驗的是投資人能否克服心魔、違反人性將資金投入。作者曾聽過許多人宣稱若股市再次跌到 ×××× 點以下時要押身家買進，但實際發生甚至只是連續重挫，就嚇得不敢再次投入到市場當中者比比皆是。

投資成功者經常是孤單的、反其道而行的。因為唯有人棄我取，才有機會用最便宜的價位建立最大的獲利。說來簡單，實際執行往往困難重重，投資人不妨看看上面的線圖資料，你會發現其實股票市場上漲的時間遠多於下跌的時間，只要市場健康且經濟持續增長，股市終究會回到原本的價位，並再次突破向上。

Ch 2

為何要選「被動」的 ETF，而不選「主動」的基金及個股

2-1 市場指數：基金績效的對比指標

在之前的章節中，曾提到投資的上、中、下層（景氣、產業、個股）的相對關係，也說明了個股實際上受到產業的影響頗大，當市場趨勢處於不景氣的狀態、百業蕭條時，就算是個股經營能力再優異也一樣，都難逃獲利下降的命運。一般投資人想在景氣上揚的時候投資都不見得一定能夠獲利，更何況是景氣低迷的時候，要挑選出持續獲利的個股更是難上加難。此時投資市場推出了一種工具稱為共同基金的產品，便是為了解決這種現象的產物。

該產品初始的目的很簡單，不是每位大眾都有知識與能力進行專業投資，那麼改由有能力的專業機構匯集所有人的資金代為操作，並將資本成長的部分依據當時所投入的資金比例回饋給投資人，那代為管理的部分則以管理費、保管費等名目，從管理的資金總額內依一定比例來支出，如此一來，投資人不善於投資的問題就獲得了解決。

本來嘛！術業有專攻，投資也是一樣的，只要出一點小錢交給專業人士來處理就可以獲得應有的投資報酬，這應該是個不錯的想法。但就實際上而言，專業經理人一樣有能力的高低之分，但酌收的管理費可不見得會因為績效優劣而有所差異。

隨著共同基金的數量增加，投資標的也慢慢的增多，如何有效的選擇共同基金自然變成了另一門專門的學問。更進一步檢視時也發現，有許多經理人的操作績效低於大盤應有的報酬表現，在這樣的時空背景之下，另一種稱為被動型基金的產品也隨之推出。

若原本的共同基金是仰賴專業經理人的選股能力來決定績效表現，那被動型基金的作法恰好相反，完全不依賴專業經理人的選股表現，一切比照指數配置的個股權重，作法儘可能的貼近指數表現，以追求複製大盤報酬為主要目的。

所以，我們可以簡單做個判斷表：

表 2-1-1：共同基金與被動基金的差異

Item	共同基金	被動基金
操作性	主動式	被動式
績效目標	超越大盤	貼近大盤
收取費用	高	低
表現關連性	與經理人強相關	與經理人無關

資料來源：股魚整理

從表格中可以瞭解到一件事情，想積極追求更高的報酬表現應選擇一般共同基金，若只想獲得與大盤相仿的報酬率則選被動基金。一般人當然是想追求更高的報酬率啊，那選擇被動型基金的意義在哪裡？各位可先想想看，到底有多少經理人可以擊敗大盤？倘若大多數的經理人績效都不如大盤，那麼你選到每年都可以擊敗大盤績效的基金機率有多少？請注意喔，我強調的是每年都可以擊敗大盤喔。擊敗一次僅僅是個機率問題，連續擊敗才是真功夫。

就如同作者在上課時經常跟學員說，當你買一檔個股虧錢，不一定是你的選股能力不好，可能是你的運氣不好。可是你若是買了 5 檔個股，每檔都虧錢的話，那你可能需要好好的檢討一下出了什麼問題，當你買了10 檔也是每檔都虧錢的時候，問題肯定是出在你的身上。所以，不要只是用一年的績效來決定這個經理人是否有能力超越大盤，而是要看他的連續性紀錄。若能找到一個經理人每年都超越大盤，那當然投資共同基金就比被動型基金好囉！

●●● 主動式基金績效小於 5% 都算是虧損

在現今高度專業分工的社會架構下，證券投資一樣出現了專業分工的現象。證券公司打著專業投資經理人的名義募集一般投資大眾的資金，藉由資訊的不對稱關係，讓所有掏出資金的投資人懷抱著投資獲利的大夢，相信自己將資金交給專業人士打理後可以獲得「專業」的報酬率，讓自己人生的下半場可以透過投資得到更好的結果。

然而這始終只是投資人的一廂情願，專業經理人只是拿著所謂的「Other people money」去玩一場金融遊戲。在這場遊戲中，證券公司與經理人是絕對的贏家，付出大筆金錢的投資人卻要承擔所有的市場風險。

　　或許有人看不懂這場遊戲是怎麼玩的，只是單純的想要投資獲利，卻讓自己變成一頭待宰的肥羊。首先試想一下，當要購入一檔基金作為投資標的時，購入的管道大多是透過銀行或是證券商的通路，以信託基金的名義買進。假定投資人購入的通路是銀行，那麼你買進價值 10 萬的單位時付出的金額是否僅為 10 萬？相信一定是高過這個數字，這是因為購買時需要支付「買進手續費」的關係，既然有買進就會有賣出的手續費，光是這樣的一來一往，就保證了銀行與證券端的獲利，但投資人卻不見得擁有任何獲利的保證。

　　以中國信託為例，該銀行股票型基金（A 型基金）收費狀況如下：

表 2-1-2：中國信託股票型基金（A 型基金）之收費狀況

收費項目	費率	收取頻率
申購手續費	3%	買進時
投資經理費用	1.5%	年度
維護費用	0.5%	年度
信託管理費（贖回）	0.2%	持有年數
合計	5.2%（持有一年售出）	

資料來源：股魚整理

PS: 1. 各家銀行基金申購手續費均不相同，請自行確認實際費率。
　　 2. 基金持有時間越短，則交易成本越高。

從表 2-1-2 中可以看出，若投資人僅持有一年的狀況下，光是基本的費率支出便將近 5.2% 的水準。換言之，若是賣出時報酬率低於 5% 的投資人，大多是處於虧損的命運，但由於看到帳面上是正報酬率的關係，還沾沾自喜的以為自己處於獲利的狀態，事實上只有銀行與證券業不論是賺是賠，都是獲利的真正贏家。所以，與其將資金交給別人，還不如將資金自行投入市場還比較好一些，但一想到自己並不具備金融專業知識，要踏入投資市場總是有著不小的猶豫。其實這樣的想法是多餘的，市場上除了銀行端常見的主動式基金外，還有另一種稱為「被動式基金」的產品存在，該產品就很適合投資大眾買進。

●∞ 超越市場指數：經理人的績效標竿

首先，我們先來瞭解一下，基金經理人怎麼證明自己的操盤功力，值得投資人付出高額的代價來委託他操盤呢？基金每年的投資績效都會隨著市場上下波動，若是沒有一個對照用的績效標準，很難看出經理人功力的好壞，而基金最常用來作為績效對照用的工具便是指數漲幅。

簡單解釋一下，指數是一種無人管理、隨市場好壞自然反應的指標。若是基金所追蹤的指數當年度的漲幅為 10%，一個無人管理的指數指標可以達到 10% 的漲幅，那麼主動式基金投資績效必須要大於該漲幅，這才算是達成「主動」操盤的要求。若經理人的實際操盤報酬率高於指數漲幅，我們稱之為「超越大盤績效」，反之則是「落後大盤」。

超越大盤的經理人理當獲得相對應的獎勵報酬，而落後大盤的則應取消報酬。事實上對於經理人而言，超越與落後大盤頂多是口袋裡獎金的差異數而已，更重要是操盤的基金規模能否壯大，這才是證券公司真正關心

的事情。因為證券公司所賺取的是基金的經理費用與維護費用，該費用都是取決於基金的規模大小，規模越大則每年收取的費用自然越高。

　而另外一個問題是，若是當年度市場整體的跌幅是 10%，而基金經理人主動操盤後的跌幅是 8%，這樣算不算是超越大盤？就經理人的定義上，這樣算是「超越大盤」喔，可是投資人就不見得這樣想了，對他而言，看到的就只是虧損的數字而已。會有這樣落差主要是經理人只看重指數相對的關係，而投資人所期待的只是正報酬率，市場上漲時問題小，反之問題就會擴大。

2-2 主、被動式基金的差異

在這個章節裡面，將討論主、被動基金的差異性。主動型簡單來說，就是有人特別看顧與操作的基金。主動式基金會發展許多的投資策略技術，來儘可能的提高報酬率，其中可能會涉及到交易的技巧與選股持有的判斷。而被動式基金則是從頭到尾只有一招「複製大盤」，大盤權重變了，它也就跟著變，大盤組成的個股變了，它依然也會跟著變。就把它想成是大盤的小跟班或是跟屁蟲，大盤跑 100 米，它絕對不會跑到 110 米，「複製與貼近」就是它的投資策略。

表 2-2-1：主動式基金與被動式基金的差異

項目	主動式基金	被動式基金
報酬目標	超越指數報酬	複製指數報酬
管理費	高	低
周轉率	較高	較低
經理人異動	隨時變動	無經理人
持股透明度	低：月、季變動，不易瞭解全貌	高：參考持股成分股即可
持股風險分散度	視基金投資策略而定	高
道德風險	有	無
指數連動性	超越為主，連動性低	高度連動

資料來源：股魚整理

從表 2-2-1 中，可以看出主動式基金與被動式基金在本質上有著極大的不同，其每檔基金可能會因為投資策略或是經理人喜好的關係，而不斷的變動持股內容（這也是被稱為主動式基金的原因之一）。但被動式基金基本上變動率較低，投資人可以輕易查詢該基金實際的持股內容與追蹤其績效的變化。主動式基金為每月、每季依主管單位規定要求進行局部持股的揭露（例如每月揭露持股的前五大），但整體到底持有多少檔個股，每檔的佔比多少則不易查詢。也就是說，被動式基金有高度透明的優點，投資人可以輕易獲取相關資訊。

既然指數是經理人指標，那我們直接投資指數是不是也可以呢？若你有這樣的想法，那麼「被動式指數基金」便是你的絕佳選擇。被動式指數基金因為無人管理的特性，而有費用低的優點，以相同持有一年來看，即有少支出 4.6% 成本的優勢存在。

表 2-2-2：主動式基金與被動式基金之費用支出比較

項目	主動式基金	被動式基金
申購手續費	3%	0.1%
投資經理費用	1.5%	0.32%
維護費用	0.5%	0.035%
信託管理費（贖回）	0.2%	0.1425%
合計	5.2%	0.5975%

備註：被動式基金費用係以 0050 台灣 50 作為範例計算。不同的被動式基金其費率基礎均不相同，實際投資時應以該基金的當年度公告內容為準。

資料來源：股魚整理

在投資市場中有一件事情必須要注意，那就是報酬率是個期望值，沒有人可以保證市場中絕對的獲利績效，但支出費用是個實際值，無論報酬率是正或負，都一定要支出該筆的費用。倘若經理人經常將基金進行頻繁的短期交易，則會使得周轉率提高。

在共同基金普遍有個換股操作的特性下，周轉率高於 50% 是很常見的現象，而周轉率高於 50% 意味著該基金在手中的持股從年初到年底有一半以上的個股清單被換了一輪，我們不要忘記了，在每次交易的過程中必須支付手續費與證交稅，所以每單筆買進賣出的交易至少需要支付證交稅 0.1425%*2 與手續費 0.3%，也就是每筆交易最高需支付交易金額的 0.585%。假設是同一檔個股在一年中反覆交易 10 次，簡單計算，其每次交易的股價都相同，在 10 次的交易過程中就必須支付 5.85% 的代價。

而被動式基金（假設為 ETF 0050 為例）其年度周轉率約在 5% 上下，這意味者該基金因交易所造成的費用損失極低。這等於在比賽開始之前就已經先贏了一些，再加上極低的管理相關費用，投資同樣的一筆錢，主動式基金是在還沒開始跑就已經注定減損了將近 5%，而被動式基金頂多是 1%，兩者在起跑時的優劣差異一目瞭然。由此我們可以瞭解到，低費用基金對於報酬率本身有著極佳的優勢存在。

●○● 主動的績效必定優於被動？

一個有人管理的東西與一個無人管理的東西，在現實的生活場景中必然是有人管理的東西會獲得較佳的運用。但投資這個領域恰好不是這麼一回事，經常是有管理的越管越差，懶得管的、沒人管的經過一段時間後，反而獲得不錯的報酬。

筆者在上課過程中，經常有學員分享類似的案例。像是把資金分成兩個帳戶，一個是用來進行頻繁交易，另一個則是用來買進基本面選股後的標的。較常見的情形是當開始投入市場之後，整個專注力都放在頻繁交易的帳戶上，甚至專注到忘了有個帳戶是用來做基本面選股的。當多年後的某天回頭檢視帳戶，發現頻繁交易賺不到什麼錢的時候，突然想起有個一直都沒在管的帳戶有幾張股票，一打開之後發現，賣出後的獲利遠高於這些年來的交易成果，而這些學員最後就成為長期持有的信徒。

我們常說：「與其說了一百次，不如讓你實際體會一次」。而這樣的結果經常是很震撼的，放著不管的結果比每次盯著看的結果好，這種東西說來詭異，但在投資實務上卻是很常見的狀況。各位不要忘了，少了頻繁交易，光是減少了手續費支出的比例，就讓你站在很好的位置上，這是一件很重要的事情。

2-3 基金的生存者偏差

　　每年基金公司總是針對不同的投資主題進行資金籌募的動作，但各位有沒有想過一個問題，基金的數量只有增加而沒有消失過嗎？那些基金操作資金都是它自己本身的嗎？這些懷疑都是正確的。基金的數量不可能只有增加而沒有減少，那麼減少的基金跑哪裡去了？是不是留在市場上的基金都是贏家？在回答問題之前，我們先來看看幾個故事。

　　1941 年，第二次世界大戰期間，美國哥倫比亞大學統計學亞伯拉罕‧沃德（Abraham Wald）教授接受美國海軍要求，運用他在統計方面的專業知識提供給《飛機應該如何加強防護，才能降低被炮火擊落的機率》相關的建議。沃德教授針對盟軍的轟炸機遭受攻擊後的相關數據進行分析和研究後發現：機翼是整個飛機中最容易遭受攻擊的位置，但是機尾則是最少被攻擊的位置。因此，沃德教授提出的結論是「我們應該強化機尾的防護」，但是美國海軍指揮官認為「應該加強機翼的防護，因為這是最容易被擊中的位置」。

　　由此我們可以看出，教授的觀點是從彈孔少的地方做好防護，但將軍則是認為彈孔多的地方應該要增加防護。

　　沃德教授提出加強機身防護的觀點如下：

● 本次統計的樣本僅包含沒有因敵火射擊而墜毀，並安全返航的轟炸機。

● 沃德教授假設所有中彈的彈著點應該會平均分布在機身各處，而能安全返航的轟炸機機身中彈數量較多的區域，是即使被擊中也比較不會導致墜機的部位。

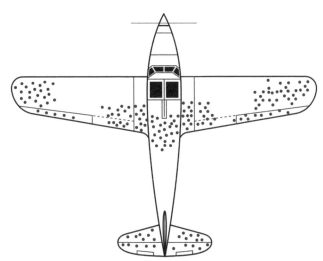

這是安全返回的飛機受損的部分示意圖；而其他地方受到攻擊的飛機卻無法安全返回。（圖片為假定的數據）

圖 2-3-1：飛機受損的部分示意圖

● 機翼被擊中很多次的轟炸機，大多數仍然能夠安全返航。

● 機尾彈孔較少的原因並非真的不容易中彈，而是一旦中彈，其安全返航並生還的可能性就微乎其微。

　　軍方最終採取了教授提出的增加機尾防護的建議，後來證實該決策是完全正確的。

　　我們從教授的觀點中可以發現，當時的盲點在於將軍的是從「活著回來的飛機上」做出數量統計的決策，而教授則是認為活著回來的飛機彈孔少的，表示那個地方一旦中彈，其陣亡的機率很高，所以要加強該區的防護。

統計學家給這種致命錯誤取了個名字—「生存者偏差」（survivorship bias）。簡單地說，就是我們只會考慮到倖存者，直接忽略那些死亡的人，這就是為什麼會出現存活率假象的主因。

這種生存者偏差的現象存在於眾多領域：每個人都想成為知名演員、音樂家、作家、運動員與演藝人員，因為媒體只報導成功者光鮮亮麗的那一面，但在每位明星的背後都有數百位追求星夢卻失敗的人。由於媒體不會去報導這些失敗者，結果所有人都會高估自己爬上頂端的機會，或是產生極度的偏見。

另一個例子就是琳瑯滿目的勵志書，這類書籍主要是藉由許多知名人物揭示事業成功與取得職場優勢的策略。但這種書的通病在於：它們不會告訴你這些書中所講的每個策略看起來都是成功的，那麼那些失敗的公司都是因為沒有導入這些策略嗎？還是說根本導入也是失敗收場，只是沒人統計而已，所以我們都誤以為只要使用書中的策略就可以獲得成功。以筆者自身的經驗來看，許多生產製造的公司都有導入豐田式管理、六標準差，甚至於積分卡等管理策略，但並不是每間公司都能獲得實質的回報。而書中那些成功的公司有些在幾年後一樣走向衰敗之路，那這表示該策略失敗了嗎？很顯然的這不是書的重點，報導成功的技巧有賣點，檢討失敗的案例沒人氣，也就僅僅如此而已。

●●○ 排除失敗者造成統計上的誤差

「生存者偏差」現象也常見於金融市場中，我們先舉一個簡單的例子來說明：若今天一個組合的組成因子分別是 A、B、C，各自擁有代表數值均為 10，在經歷過一段時間的震盪後，重新檢視數值發現 A=11、B=7、C=-2，若各因子所佔的權重相同，那麼該組合的實際表現應為

(11+7-2)÷3 = 5.33。若我們故意將 C 剔除，則因子變成只剩下 A、B，則組合表現變成 (11+7)÷2 = 9。有沒有發現，很神奇地，組合的績效表現忽然之間就提升了，只因為我們將過度失敗的因子給予排除，讓它沒有拉低平均值的機會，因此讓組合的表現獲得明顯的改善。

而我們以基金為例：計算某基金族群投資報酬時，通常會排除已下檔基金的虧損（就像是上述的因子 C），因此系統性地高估了基金的整體報酬率。依據方法和數據基礎的不同，其間差異每年可能高達 0.22% 至 1.57%。

同樣地，股票指數的表現也經常遇到這類失真的問題。由於指數表現較差的股票會因為公式計算的關係被排除，而造成未納入後續的計算中，因此股市指數永遠只會統計表現最亮眼的贏家企業，也就是那些於故事中在任務中存活下來的戰鬥機飛行員。一旦少了失敗者的資料納入統計之中，我們就難以發現事實的真相，而做出錯誤的判斷。

在刻意剔除失敗者的狀況下，那些歷史股價數據當然看不見那些被踢出指數構成列表的所有公司股價，我們只會以表現亮眼（存活者）的股票來驗證自己的策略。這就像為了評估某種教學方法的成效，卻只挑選好學生而不是由所有學生參加測試，故所測出來的成效和難度往往與實際導入有明顯落差。

一旦瞭解「倖存者偏差」的陷阱，就可以謹慎的思考當下所處理的所有數據，不要只看成功的榜樣，也要同時觀察輸家的經驗，才能更切合實際地評估成功機會。即便是失敗者還是有值得學習之處，例如哪些策略沒有效用。想要成功，必須向失敗者取經。

在基金市場上，有許多績效不佳的基金在年度的檢討之後，因為收費效率不佳的關係，被併入同一基金公司所操盤的基金內。一來可以減少人

事成本的開支，二來績效不佳的基金消失可以變相的拉抬該基金公司整體的基金操盤表現，所以失敗的基金會被埋藏在歷史陰暗的角落中，不論是規模失敗或是投資策略失敗都不重要了，反正對基金公司而言，只要留在檯面上的基金有規模、有績效那就足夠了。

2-4 ETF 投資的優點 / 缺點

每天看盤的投資人收盤時會關心兩件事情：第一件事是指數有沒有上漲，第二件事是自己的持股有沒有漲。當發現指數有上漲時，會跟著期待持股也能跟上漲幅的腳步，但有時偏偏會不如預期。想一下，如果大盤指數漲了 200 點，但自己的持股卻是下跌，當下真的就會開始咒罵這間企業不爭氣，這種現象稱為「賺了指數、賠了價差」，特別是散戶更是容易遇到。

這要從兩個方面來解釋：

1. 散戶選股的來源多從新聞資訊而來，有些則是口耳相傳。

2. 喜歡買很多消息的小型飆股，對於大型股興趣缺缺。

在不買進大型個股的狀況下，指數的漲跌自然跟你手中的持股關連性不大。之前不是曾談到台股市場採用加權指數設計，每間上市公司的股本與股價都會影響到大盤指數的變化，那麼大盤漲了表示你的持股也是有貢獻的，不是嗎？

這犯了幾個認知上的誤解：

1. 市場中有人漲就會有人跌，你怎麼知道手中的持股是拉高平均值的、還是拉低平均值的呢？

2. 個股的權重不公平，有些企業就是比較重要。

人生來每個人的命運就不一樣，有些人輕如鴻毛，有些人則重如泰山。股票市場也是一樣，市值越高的公司在指數計算上的地位越有較高的佔比。

●○○ 個股權重有差異，買對才能跟上漲幅

市場中個股約有 1,600 多檔，並不是每一檔的重要性都是一致的。有些個股就算是跌到消失，也不會對指數造成任何影響，重點是市值的大小。這也就是權值股的由來，如果還不清楚什麼叫做權值股，可以從表2-4-1 中來觀察比重關係。

在該表中，將佔大盤比重最高的 100 檔個股分別找出，再觀察它們的市值對加權指數影響的權重。從累加數字來看，這 100 檔個股所佔的比重數已經高達 78.89%。換言之，台股雖然有高達 1,600 多檔，但是這前 100 檔個股就已經決定了 78.89% 的指數漲跌方向。

我們再深入一點來觀察，只抓前 20 檔來看便佔了 54.25%。所以，今天如果是政府基金的操盤手要控制大盤指數的漲跌方向，應該是所有個股都花錢來買進，還是只要買進前 100 檔個股就好，甚至說只要買進前 5 檔個股也就佔了 33.22%。你若是操盤手，要怎麼買才會快速有效？當然是買進權值股就好囉！那這些權值股會不會是投資人手中主要的持股？很遺憾，大多不是。以佔比最高的 2330 台積電來看，外資持股就高達77.97%，若加上投信與自營商的部分，就將近 85%，表示個股籌碼都在三大法人手中，一般投資人持有的比例自然相對的稀少。

表 2-4-1：台股權值 100 大排行榜

台股權值 100 大排行榜			
排行	證券名稱		市值佔大盤比重
1	2330	台積電	21.12%
2	2317	鴻海	3.24%
3	6505	台塑化	2.91%
4	2412	中華電	2.66%
5	1301	台塑	1.88%
6	2454	聯發科	1.84%
7	1303	南亞	1.72%
8	3008	大立光	1.64%
9	1326	台化	1.62%
10	2882	國泰金	1.59%
11	2881	富邦金	1.40%
12	1216	統一	1.37%
13	2891	中信金	1.25%
14	2886	兆豐金	1.23%
15	3045	台灣大	1.21%
16	2308	台達電	1.20%
17	2002	中鋼	1.15%
18	3711	日月光投控	0.97%

（接下頁）

表 2-4-1：台股權值 100 大排行榜（續）

台股權值 100 大排行榜			
排行	證券名稱		市值佔大盤比重
19	2912	統一超	0.95%
20	2884	玉山金	0.92%
21	2892	第一金	0.84%
22	5880	合庫金	0.81%
23	2880	華南金	0.76%
24	2207	和泰車	0.76%
25	4904	遠傳	0.75%
26	5876	上海商銀	0.72%
27	2382	廣達	0.69%
28	2408	南亞科	0.68%
29	2885	元大金	0.66%
30	1101	台泥	0.66%
31	2801	彰銀	0.63%
32	2395	研華	0.59%
33	2474	可成	0.53%
34	5871	中租 -KY	0.52%
35	2303	聯電	0.50%
36	1402	遠東新	0.48%

（接下頁）

表 2-4-1：台股權值 100 大排行榜（續）

台股權值 100 大排行榜			
排行	證券名稱		市值佔大盤比重
37	2357	華碩	0.48%
38	9910	豐泰	0.47%
39	1102	亞泥	0.45%
40	2887	台新金	0.45%
41	2105	正新	0.45%
42	4938	和碩	0.43%
43	2883	開發金	0.43%
44	2890	永豐金	0.42%
45	2301	光寶科	0.37%
46	9904	寶成	0.36%
47	3034	聯詠	0.36%
48	2888	新光金	0.35%
49	2823	中壽	0.35%
50	2379	瑞昱	0.34%
51	1476	儒鴻	0.33%
52	4958	臻鼎 -KY	0.33%
53	2633	台灣高鐵	0.31%
54	2327	國巨	0.30%

（接下頁）

表 2-4-1：台股權值 100 大排行榜（續）

台股權值 100 大排行榜		
排行	證券名稱	市值佔大盤比重
55	2345 智邦	0.29%
56	2354 鴻準	0.28%
57	2834 臺企銀	0.26%
58	9921 巨大	0.26%
59	8464 億豐	0.25%
60	2324 仁寶	0.25%
61	2049 上銀	0.25%
62	2409 友達	0.25%
63	2356 英業達	0.24%
64	2492 華新科	0.24%
65	6669 緯穎	0.24%
66	2227 裕日車	0.23%
67	2377 微星	0.22%
68	3231 緯創	0.22%
69	3481 群創	0.22%
70	2344 華邦電	0.21%
71	3702 大聯大	0.21%
72	2618 長榮航	0.21%

（接下頁）

表 2-4-1：台股權值 100 大排行榜（續）

台股權值 100 大排行榜			
排行	證券名稱		市值佔 大盤比重
73	2385	群光	0.20%
74	2360	致茂	0.20%
75	6415	矽力 -KY	0.20%
76	2347	聯強	0.19%
77	1590	亞德客 -KY	0.19%
78	3044	健鼎	0.19%
79	3037	欣興	0.18%
80	6239	力成	0.18%
81	2603	長榮	0.18%
82	2542	興富發	0.18%
83	1434	福懋	0.18%
84	1227	佳格	0.18%
85	6409	旭隼	0.17%
86	9914	美利達	0.17%
87	2353	宏碁	0.17%
88	6176	瑞儀	0.17%
89	2337	旺宏	0.16%
90	2610	華航	0.16%

（接下頁）

表 2-4-1：台股權值 100 大排行榜（續）

台股權值 100 大排行榜			
排行	證券名稱		市值佔大盤比重
91	1504	東元	0.15%
92	2027	大成鋼	0.15%
93	1605	華新	0.14%
94	1722	台肥	0.14%
95	2812	台中銀	0.14%
96	9945	潤泰新	0.13%
97	2383	台光電	0.13%
98	2615	萬海	0.13%
99	2449	京元電子	0.13%
100	3406	玉晶光	0.13%

資料來源：臺灣證券交易所發行量加權股價指數成分股暨市值比重
/www.taifex.com.tw/cht/9/futuresQADetail

●●● 為什麼萬點行情，投資人普遍冷感

2017 年 5 月 9 日台股再次見到久違的萬點行情，在投資市場中，指數的高低變化就有如該經濟體的發展狀況。以指數的角度來看，從 2015 年 9 月 8,100 點上漲了近 2,000 點漲幅，各項經濟指標似乎也從憂鬱的藍燈一個一個的轉為綠燈，暗示整體的經濟情勢大好。但這些高漲的數字無法激起投資大眾追價的熱情，在轉眼間，萬點行情得而復失，最終以下跌 21 點收盤。大家都在問發生什麼事情了，為什麼投資人萬點盛會在即，卻無任何的激情？！

從幾個萬點時的交易金額來看，這次的萬點行情有點虛，就像是膨風的氣球，看似龐大，內在卻是空洞不堪。

從表 2-4-2 中可以看出，每次的萬點行情幾乎都伴隨著高成交量作為進攻的養分，但近年來，政府單位因財務困難，動輒對股市課以不同名目的稅制，像是取消二稅合一、補充保費、長照稅等，加上內外資在稅制上有顯著的差異性，造成了一般投資人逐漸對於市場冷感。

表 2-4-2：台股歷年萬點行情

年代	破萬點時當月最高指數	當年最高指數	交易量（元）
1989	10,013	12,682	>3000 億
1997	10,057	10,256	>3000 億
2000	10,328	10,393	>3000 億
2015	10,002	10,014	1301 億
2017	10,001		1084 億

資料來源：股魚整理

此外，一般投資大眾對於個股的操作上偏向於中小類股，這讓市場出現一個權值股股分落在外資手上，投資人滿手中小型類股的怪異現象。

●●○ 從加權指數分配找真因

台灣的指數係採用加權指數的方式，以市值比重變化來決定指數高低漲幅。而由於採用加權指數的關係，市值越大的公司所佔有的權重越重。

依據 TWSE 台灣證券交易所公布的資料（2017 年 5 月 9 日）來看，當時前 20 檔的權重分配如表 2-4-3。

其中光 2330 台積電一家公司就佔了 18.09% 的權重。

若單看前 10 大佔整體權重為 42.11%、前 20 大為 53.75%、前 50 大（0050）則為 69.49%。也就是說上市公司 874 檔中，前 50 大公司就佔了指數的影響率達 69.49%。這也無怪乎 0050 台灣 50 只要追蹤前 50 大企業，就幾乎可以與大盤同步漲跌幅度。

我們進一步來思考一個問題，上述這些公司漲跌 1 元時，對指數的影響性是多少呢？在思考這個問題前，我們要先瞭解概略的計算模式，以台積電為例，該公司佔權重為 18.09%，若該公司漲停板（上漲 10%），則相對整體權重上漲 10%×18.09% = 1.809%；若指數為 9,900 點時，所反應的指數為 9900×1.809%=179.1 點。對，各位投資人你沒看錯，台積電對大盤的影響就是這麼巨大。所以要拉抬指數最佳的方式就是買進權值股，特別是前 10 大的個股，其交易量大且效果良好。

那在這個權重比例下，各公司漲跌 1 元對指數的影響各是多少呢？（以當時股價估算）

表 2-4-3：台股權值前 20 檔市值佔大盤比重

排行	證券名稱		市值佔大盤比重
1	2330	台積電	18.09%
2	2317	鴻海	6.18%
3	6505	台塑化	3.33%
4	2412	中華電	2.79%
5	3008	大立光	2.30%
6	2882	國泰金	2.11%
7	1301	台塑	1.93%
8	1303	南亞	1.91%
9	1326	台化	1.79%
10	2881	富邦金	1.67%
11	2308	台達電	1.51%
12	3045	台灣大	1.32%
13	2002	中鋼	1.29%
14	2891	中信金	1.27%
15	2886	兆豐金	1.14%
16	2454	聯發科	1.13%
17	1216	統一	1.09%
18	2311	日月光	1.05%
19	2912	統一超	0.94%
20	2474	可成	0.89%

資料來源：股魚整理

表 2-4-4：台股權值前 10 檔上漲 1 元之佔大盤漲幅與相對指數

個股	價格	權重	漲幅	佔大盤漲幅	相對指數
台積電	203.5	18.09%	0.49%	0.089%	8.81
鴻海	104	6.18%	0.96%	0.059%	5.89
台塑化	102	3.33%	0.98%	0.033%	3.24
中華電	105	2.79%	0.95%	0.027%	2.64
大立光	4995	2.30%	0.02%	0.000%	0.05
國泰金	78.95	2.11%	1.27%	0.027%	2.65
台塑	88.5	1.93%	1.13%	0.022%	2.16
南亞	70.4	1.91%	1.42%	0.027%	2.70
台化	89.2	1.79%	1.12%	0.020%	1.99
富邦金	47.7	1.67%	2.10%	0.035%	3.48

PS：加權指數為 9,915

資料來源：股魚整理

我們可以看出，台積電每上漲 1 元就影響台股 8.8 點的指數，而鴻海也不遑多讓，每上漲 1 元就影響台股指數 5.89 點。那我們反過來想一件事情，若將前幾大權值股退回到上次的萬點行情（2015 年） 時，當時它們的股價是多少呢？

表 2-4-5：台股權值前 10 檔 2015 年與 2017 年股價比較

個股	2017- 價格	2015- 價格	差異	若依據前表數據估算
台積電	203.5	118	85.5	753.6
鴻海	104	92	12	70.7
台塑化	102	79	23	74.5
中華電	105	94.2	10.8	28.5
大立光	4995	1885	3110	141.8
國泰金	78.95	42.6	36.35	96.2
台塑	88.5	77.8	10.7	23.2
南亞	70.4	66.1	4.3	11.6
台化	89.2	73	16.2	32.3
富邦金	47.7	39	8.7	30.3
			合計指數影響（概估）	1,263 點

PS：影響指數僅供概估參照用，實際指數變化範圍應以當時權重與指數來相對換算。

資料來源：股魚整理

以這次的萬點行情來看，光看前 10 大個股所影響的指數變化可能就達千點以上。而以往的萬點行情因伴隨著資金行情，除了權值股外，連同中小類股都一併雨露均霑，一般投資人不論是投資哪種類股都有獲利滿滿的感覺。

但 2017 年 5 月 9 日的萬點行情很明顯是拉抬權值股股價後所得到的結果，市場上資金只有一套，當大量投注在權值股拉抬指數後，相對的中小類股便失去資金的關愛，無怪乎有眾多的投資人對於本次的萬點行情毫無興奮感，甚至於達到冷感的程度。因為雖然權值股拉上了萬點，但手中的中小類股卻只有往年約 7,000 ～ 8,000 點的行情價位，而且因為看著指數節節高漲則反覆進行換股操作，最後變成了指數與股價兩頭空的情況。

其實從上述資料來看，不難發現比照大盤權重設計的 ETF 0050 會如實的反應指數與報酬的變化幅度，讓投資人不至於賺了指數賠了價差，也不會有滿手股票看著指數上萬點、手中持股卻不漲反跌的遺憾。就投資組合的角度來看，跟隨大盤漲幅的 ETF 0050 很適合作為投資組合的基底股。

●◐◦ 買 ETF 的缺點

每一檔的 ETF 都是依據特定的目標所設計，除 ETF 0050（複製台股指數）外，還有像是 ETF 0051（中型 100 －鎖定中小型類股）、ETF 0056（高股息－鎖定高殖利率個股）等等標的。而近年也發展出像是公司治理、低波動等各種主題式 ETF。不論是哪一檔 ETF，本身就已經是個投資組合，適合作為基礎持股。

就目前來看，ETF 似乎沒有太大的缺點，費用低又有複製指數的效果，聽起來太美好了，那是不是有什麼問題是我們不曉得的呢？

嗯，這個問題很不錯，對筆者而言，ETF 什麼都好，其最大的問題就是無聊，沒有話題性，不信的話，讀者可以試著買進 ETF 後跟朋友聊天談談這個投資工具，對方一定很快就打起哈欠。換個方式，若是買進 2317 鴻海，兩個人就開始聊起蘋概股的狀況，或是鴻海近期的投資狀況。要

是買進 2498 宏達電的話，則是開始感嘆國產手機的興起與衰退，順便檢討起該公司的發展策略之類。但買進 ETF 可是什麼話題性都沒有的，因為每檔 ETF 都是數個公司的組合，難以激起話題性，自然造成無聊的特性。對投資來說，無聊不見得是個好消息，但就因為無聊可能減少了看盤與交易的衝動，也不見得是個壞事呢！

Ch 3

8%的投報率不好嗎？

3-1 複利表的長期效果

全世界珍貴的歷史遺產被稱為世界七大奇蹟，分別為：

- 佩特拉古城（約旦）

- 里約熱內盧基督像（巴西）

- 馬丘比丘（秘魯）

- 奇琴伊察瑪雅城邦遺址（墨西哥）

- 羅馬競技場（義大利）

- 泰姬瑪哈陵（印度）

- 長城（中國）

所代表的是各地人們的歷史工藝結晶，每一項奇蹟都值得人們在有生之年安排旅程前往拜訪。而在金融世界中的「複利」，則是被稱為第八大奇蹟，能夠掌握到複利原則的人，其一生必然富足無虞，但是被濫用者，其命運必然是悲慘的。

●○ 卡債風暴

2005 年的卡債風暴是台灣金融界發生的重大事故之一，卡債源由銀行業受限於融資業務緊縮與利差逐年縮小。以當時來說，有擔保品的放貸利率低於 3% 以下，加上金融創新工具受限，放眼望去，信用卡的循環利

率高達 18 ～ 20% 與現金卡的 12% 可說是高利潤的消費性金融商品，一時之間，各家的銀行紛紛推出各式便利的措施刺激一般使用者產生過度消費的行為，進而陷入只需支付利息的狀態。

許多人在借支過於便利的狀況下，將信用卡當成了資金周轉的工具，取代了小額信用貸款與擔保品貸款，整合型貸款則更進一步將情況推向更惡劣的境界。部分對於金融商品認知不足的人們，將借支金額越墊越高，甚至於有人根本沒發現每月工作的收入僅能用來償還利息，隨著利息金額越墊越高，終於爆發了台灣著名的卡債風暴。

卡債爆發後，各家銀行的呆帳金額隨之大幅提高，也重挫了各家銀行的獲利數字。除了關心金融產業的發展外，你我更應該瞭解的是為什麼信用卡與現金卡債會造成卡債風暴，而又是什麼原因造成使用者無力償還。其追根究底，便是循環利息背後的利息計算機制。

●● 卡債風暴的真兇－類複利設計的循環利息

卡債風暴雖然已經平息了很多年，循環利息由本來的 20% 降至 15% 以下，也有部分的銀行依據客戶信用最低降至 8% 以下，但無論如何，相較於其他貸款方式來看，仍遠高於其他商品。其實不管怎麼調降，只要使用者一動用到循環利息時，便會造成極大的財務壓力，我們必須在最短的時間內償還，以避免狀況持續惡化。首先，來瞭解一下循環利息的機制：

最低應繳金額：

循環機制啟動的源頭，在每個月的繳費帳單中，通常會將應繳金額的 1/10 設定為最低應繳金額，例如當月金額 20,000，其最低應繳金額則為

2,000。若消費者不想一次繳清帳單，可選擇最低應繳金額，而選擇的同時會啟動循環利息。

循環利息：

卡債風暴時期多為 20%（年）利率左右，而循環利息採用日利率計算，相當於 0.0548%（天）。進入循環利息後，所刷的每筆金額都會加計循環利息，也就是說，當循環利息啟動後再增加的每一筆消費金額都會被加計利息。

我們用一個簡化的計算表來試著瞭解這樣的狀況：

Item	金額	備註
第一筆應繳金額	100,000	
繳交最低應付金額	100,000 – 10,000 = 90,000	20% 循環利息啟動
假設一個月內未增加新的消費，帳單累計為：	本金：90,000 利息：90,000 X 20% / 365 X 30 = 1,479 帳單金額為：91,479	
假設在繳交最低應付金額的當天新增消費，則一個月後的帳單累計為：	原本金：90,000 新增消費：100,000 利息：190,000 X 20% / 365 X 30 = 3,123 下期帳單金額：193,123	循環利息計算方式與利率應以各家信用卡發行銀行所發布範例為準，書中範例僅為說明用，不保證與現況相符。
若下一個月一樣只繳最低應付且當天新增消費，則帳單累計為：	前期累計金額：193,123 最低應繳：19,312 繳完後帳單餘額：173,811 新增消費：100,000 利息：273,811 X 20% / 365 X 30 = 4,501 下期帳單金額：278,312	

資料來源：股魚整理

可以看出當一個人持續以最低應繳的方式支付信用卡且持續消費時，後期利息累積的速度將會相當的快速，就當時而言，確實發生過許多人最後只繳得出利息的狀況。雖然說循環利息為單利的設計，計算過程中不得將利息滾入再計算，但在本金持續滾入的情況下，也會產生類似於複利累加的效果，這也就是為什麼許多人一開始覺得還可以負擔，但拖過一陣子後，就開始出現無以為繼的狀況。在卡債風暴過後，信用額度受到限縮，人們也普遍克制使用循環利息，銀行端便推出信用卡免息分期的制度來吸引消費者過度消費，感覺上挺優惠的，但你想想看，10,000 元的商品分成10 期後，每一期也不過支付少少的 1,000 元。既然當下付出的感覺不痛不癢，隨之而來的便是擴大消費金額，消費者又會慢慢的陷入循環利息的陷阱當中。

從這樣的例子中可以看出，當利息的工具使用不當時，對個人財務會造成重大傷害，反過來說，運用得當的話，就會形成重大的助力。

●○ 複利表的奇蹟

有個故事是這樣說，有個人因為完成了一項艱困的任務，國王非常的高興，要給他賞賜，問他想要些什麼。他想了想，拿出一個棋盤跟國王說：「我想要的獎賞是第一個格子放一文錢，第二個棋盤放二文錢，第三個棋盤放四文錢，以此類推，直到 64 個棋盤被放滿為止。」這個數學問題看起來很簡單，但數字很驚人。這是一個每次翻倍的 2 次方數學題，以一般常見的 2 的 10 次方來看，數字已達 1,024，那這故事的次方數為 2 的63 次方，其數字為 18,446,744,073,709,551,615，是個超過兆元等級的數字，而這相當於複利表的 100% 成長的概念。

在現代投資當中要每次都翻倍，除了賭博與經營事業外，一般人所能接觸的金融投資（證券投資、定存、債券、基金等）是不太可能發生這樣的狀況，所以都會以複利表搭配 72 法則（以 10% 報酬率來看，72÷10 = 7.2，表示 10% 的報酬率經過 7.2 年的複利後會成長一倍，該計算方式便被稱為 72 法則）來估算整體資產變化程度。

剛有談到上述故事中的每格成長一倍是相當於 100% 複利成長，而 64 個棋盤格就相當投資 64 年的概念，第一格就是投入本金。在現代的投資環境中，投資人會預期每年的投資至少有 10% 以上的回報，我們用這樣的數字來看，複利表就可以得知資產的變化狀況。

表 3-1-1 是個標準複利表。

該表左行為年數，上列為複利率。想知道 10% 報酬率經過 10 年後的變化，可在表格中找到 2.59 的數字，表示該筆金額經過 10 年 10% 的複利成長後為原本的 2.59 倍。那經過 20 年與 30 年後的金額倍數分別為 6.73 倍與 17.45 倍，這表示後面複利滾動的速度會越來越快。

聰明的投資人會想到一句話「時間是投資人最好的朋友」，其源由有部分便是來自複利表的關係，越早進行投資，後面的預期報酬越是驚人。所以投資是年輕最好，年輕時進行投資透過複利的持續成長，在相同期末金額下，初期需要投入的金額便越小。反之，年紀大了才進行投資能夠運用複利的時間越短，那麼便需要在初期投資上投入更多的金額，才能達成相同的效果。

在複利表中，也可以看出在相同時間、不同報酬率條件下，數字的差異非常驚人。以同樣的 20 年投資來看，每多出 1% 報酬率，則財富累積的速度有明顯差異。

表 3-1-1：複利表

Item	1%	2%	3%	4%	5%	6%	7%	8%	9%	10%	13%	15%
1	1.01	1.02	1.03	1.04	1.05	1.06	1.07	1.08	1.09	1.10	1.13	1.15
2	1.02	1.04	1.06	1.08	1.10	1.12	1.15	1.17	1.19	1.21	1.28	1.32
3	1.03	1.06	1.09	1.12	1.16	1.19	1.23	1.26	1.30	1.33	1.44	1.52
4	1.04	1.08	1.13	1.17	1.22	1.26	1.31	1.36	1.41	1.46	1.63	1.75
5	1.05	1.10	1.16	1.22	1.28	1.34	1.40	1.47	1.54	1.61	1.84	2.01
6	1.06	1.13	1.19	1.27	1.34	1.42	1.50	1.59	1.68	1.77	2.08	2.31
7	1.07	1.15	1.23	1.32	1.41	1.50	1.61	1.71	1.83	1.95	2.35	2.66
8	1.08	1.17	1.27	1.37	1.48	1.59	1.72	1.85	1.99	2.14	2.66	3.06
9	1.09	1.20	1.30	1.42	1.55	1.69	1.84	2.00	2.17	2.36	3.00	3.52
10	1.10	1.22	1.34	1.48	1.63	1.79	1.97	2.16	2.37	2.59	3.40	4.05
11	1.12	1.24	1.38	1.54	1.71	1.90	2.11	2.33	2.58	2.85	3.84	4.65
12	1.13	1.27	1.43	1.60	1.80	2.01	2.25	2.52	2.81	3.14	4.34	5.35
13	1.14	1.29	1.47	1.67	1.89	2.13	2.41	2.72	3.07	3.45	4.90	6.15
14	1.15	1.32	1.51	1.73	1.98	2.26	2.58	2.94	3.34	3.80	5.54	7.08
15	1.16	1.35	1.56	1.80	2.08	2.40	2.76	3.17	3.64	4.18	6.25	8.14
16	1.17	1.37	1.60	1.87	2.18	2.54	2.95	3.43	3.97	4.60	7.07	9.36
17	1.18	1.40	1.65	1.95	2.29	2.69	3.16	3.70	4.33	5.05	7.99	10.76
18	1.20	1.43	1.70	2.03	2.41	2.85	3.38	4.00	4.72	5.56	9.02	12.38
19	1.21	1.46	1.75	2.11	2.53	3.03	3.62	4.32	5.14	6.12	10.20	14.23
20	1.22	1.49	1.81	2.19	2.65	3.21	3.87	4.67	5.60	6.73	11.52	16.37
21	1.23	1.52	1.86	2.28	2.79	3.40	4.14	5.03	6.11	7.40	13.02	18.82
22	1.24	1.55	1.92	2.37	2.93	3.60	4.43	5.44	6.66	8.14	14.71	21.65
23	1.26	1.58	1.97	2.46	3.07	3.82	4.74	5.87	7.26	8.95	16.63	24.89

（接下頁）

表 3-1-1：複利表（續）

Item	1%	2%	3%	4%	5%	6%	7%	8%	9%	10%	13%	15%
24	1.27	1.61	2.03	2.56	3.23	4.05	5.07	6.34	7.91	9.85	18.79	28.63
25	1.28	1.64	2.09	2.67	3.39	4.29	5.43	6.86	8.62	10.83	21.23	32.92
26	1.30	1.67	2.16	2.77	3.56	4.55	5.81	7.40	9.40	11.92	23.99	37.86
27	1.31	1.71	2.22	2.88	3.73	4.82	6.21	7.99	10.25	13.11	27.11	43.54
28	1.32	1.74	2.29	3.00	3.92	5.11	6.65	8.63	11.17	14.42	30.63	50.07
29	1.33	1.78	2.36	3.12	4.12	5.42	7.11	9.32	12.17	15.86	34.62	57.58
30	1.35	1.81	2.43	3.24	4.32	5.74	7.61	10.06	13.27	17.45	39.12	66.21
31	1.36	1.85	2.50	3.37	4.54	6.09	8.15	10.87	14.46	19.19	44.20	76.14
32	1.37	1.88	2.58	3.51	4.76	6.45	8.72	11.74	15.76	21.11	49.95	87.57
33	1.39	1.92	2.65	3.65	5.00	6.84	9.33	12.68	17.18	23.23	65.44	100.70
34	1.40	1.96	2.73	3.79	5.25	7.25	9.98	13.69	18.73	25.55	63.78	115.81
35	1.42	2.00	2.81	3.95	5.52	7.69	10.68	14.79	20.41	28.10	72.07	133.18
36	1.43	2.04	2.90	4.10	5.79	8.15	11.42	15.97	22.25	30.91	81.44	153.15
37	1.45	2.08	2.99	4.27	6.08	8.64	12.22	17.25	24.25	34.00	92.02	176.13
38	1.46	2.12	3.07	4.44	6.39	9.15	13.08	18.63	26.44	37.40	103.99	202.54
39	1.47	2.16	3.17	4.62	6.70	9.70	14.00	20.12	28.82	41.15	117.51	232.93
40	1.49	2.21	3.26	4.80	7.04	10.29	14.97	21.73	31.41	45.26	132.78	267.86

資料來源：股魚整理

●○● 投資目標設定要合理可行

那是不是找報酬率越高的標的物進行投資，就能更快達成財務目標呢？從數字上來看是沒有錯的，但在實務上並不可行。在投資這件事情上，報酬率與風險是對等的角色，要賺進 10% 報酬就要承擔 10% 虧損的風險，我們要做的是在能力可及的範圍內找尋報酬率最高的工具，而不是一昧的幻想能不用付出代價就能輕鬆獲得高報酬的結果。

以證券投資來說，將目標設定在 10 ～ 15% 的報酬率已屬於高標的要求，然而一般投資人卻不認為這樣的報酬率有什麼值得高興的，甚至認為以台股一天 10% 的漲跌幅限制，很容易就可以達成目標。殊不知，穩定且每年成長的報酬率是需要極大的投資技巧才能達成。

想想看，最偉大的投資人巴菲特先生被世人尊稱為股神，其投資生涯至今的報酬率表現約落在年報酬 18 ～ 22% 之間，連續數年達成這樣的目標便被尊稱為股神，表示這是個極度難得的成就，那我們自己將投資目標設定比這更高，豈不是太高估自己的能力？

雖然說巴菲特先生在證券市場上有極佳的報酬率表現，但他也經常對一般投資人提出各項建言。在過去幾年中，經常透過股東建議書的形式提出各項看法，其中有一項便是投資被動式 ETF，因為他認為，複雜的金融操作不會比傻傻的持有 ETF 來得更好。主要原因是金融市場長期而言是多頭走勢，過度的操作會增加交易成本，進而拖累績效，一般人要進行簡單投資且獲得市場報酬最好的方式，就是買進指數股票型基金（ETF）。

很多事情並不需要自己親身經歷過，站在巨人的肩膀（經驗）上可以讓我們少走很多冤枉路，更何況報酬率的累積是需要時間的。透過大師的建言，一開始就選擇正確的投資工具可以讓資產多一點時間成長，是很划算的選擇。

3-2 風險與報酬率的對應曲線關係

投資首要面對課題是要怎麼選擇投資工具,從複利表的概念中得知,報酬率越高資產累積的速度越快,成長倍數也越驚人。此時要思考另一個問題是,高報酬背後所帶來的高風險,甚至是所謂的金融詐騙。

在日常生活中經常會遇到各種投資需求的場景,此時先記得一個原則:聽起來太美好的(高報酬低風險),肯定有問題。特別是一些未上市投資,或是直銷之類的。

想想看,推薦買賣未上市公司的財顧公司常見的說詞類似這樣:「我們這邊是 ×× 投資公司,現在有一檔極具潛力的未上市股票要推薦給您,這間公司預計下半年要進行持股分割的計畫,且會連續執行 × 年。到時你手中持股數量會增加 × 倍,預計 × 年後(通常是 3 年內)上市櫃,上市櫃價格為 ××× 元,我們現在因為是前期階段,報價是 ×× 元,只要持有到上市櫃後,就可倍數獲利。這是一個大好的投資機會……。」

我通常都會問他,「既然是個這麼好的投資機會,你們為什麼不全部吃下來就好,幹嘛要推銷給陌生人的我呢?」他要不是回說他們沒辦法全吃下,要不就是說他們受限於法規,不能買進之類的云云。仔細想想,就會看出這是個謊言。道理很簡單嘛,保證獲利的話,賣房子借錢都要全部吃下來,正常人哪會介紹給其他人,要嘛是有風險找其他人共同分擔,要嘛就是騙局。一個陌生人打電話給你,介紹一個賺錢的大好機會,想當然耳是「騙局」的可能性最高。

●●● 台灣最著名的騙局－鴻源案

在金融市場中，有一個著名的名詞是「龐氏騙局」，其運作的原理是透過類似直銷方式，要參加這場遊戲的人必先付一筆錢作為入會代價，而所賺的錢是來自其他新加入的參加者，並不是來自於公司本身透過業務所賺的錢。投資者透過不斷吸引新的投資者加入付錢，來支付早期的投資者，而早期便加入的人通常在短時間內可獲得相當程度的回報。但隨著更多人加入，支付的能力下降且資金流入不足，騙局泡沫爆破時，晚期才加入的投資者便會蒙受鉅額金錢損失，在台灣這樣的遊戲稱之為「老鼠會」。

而這樣的騙局形式不僅是台灣發生過的鴻源案，在美國也曾發生「馬多夫騙局」的案例，其所受到欺騙的對象多是受過良好教育，且具備金融專業的知識份子。看到這邊，不禁令人想到為什麼具備金融專業的人仍會受到龐氏騙局的吸引，這有幾個原因：

1. 賭自己不是最後一隻白老鼠。

2. 以為自己遇上了天大的好運氣。

這樣的騙局有個特徵，通常不對外公開，多以口耳相傳的方式來散播，這就造成了一種神祕的吸引力。想想看，若是自己很要好的朋友在某個聚會場合中，不經意的提到一個賺錢機會，不公開且名額有限，而且看著對方好像也沒什麼很積極的想要你加入，心裡不禁就焦慮了起來。「會不會就此錯過了一個大好機會？這樣的聲音不斷的在腦海中浮現，理智與專業此時就退到一旁，而任由內心的衝動來主導當下的行為模式」，這便是透過心裡的焦慮感來引誘的一種模式。

●○○ 直銷模式的變質

台灣常見的直銷也有類似的情況，在早期被拉去參加直銷入會的經驗中，直銷場合透過幾個主要的模式來吸引你的加入：

1. 光鮮亮麗的成功講師（開著賓士、法拉利之類的高檔房車）。

2. 想要盡早成功的心態（獨立自主、當老闆、開創事業 etc）。

3. 當兵有持續性收入，一出社會有錢自己開公司（針對即將入伍的年輕人）。

這幾點無一不是針對時下年輕人內心的渴望所精心設計，只要年輕人意志力稍加薄弱一些，就會當場簽下入會合約，成為直銷商的一員。

之後則是看被洗腦程度的高低來決定狀況，洗腦程度嚴重者喜歡三不五時邀請朋友吃飯敘舊，順便推銷其所加入的直銷商產品，這通常是好友與親人都會遭殃、遇到的，最後是朋友都會離他遠遠的。洗腦程度低者則是言談中偶爾推薦一下，但不會很積極要求購買，也不會刻意參加聚會推薦。

雖然，在國外的書籍中並不反對直銷的形式，甚至於推薦直銷是一種跳過盤商的直接性銷售行為，可以降低中間成本，讓消費者以便宜的代價取得商品。就原理上來看是立意良善，但到了台灣是否維持住相同的制度模式就值得深入研究討論。實際上，台灣直銷的上下線分潤制度確實與龐氏騙局的設計有極大的雷同之處。

●○○ 風險與利潤是相對的關係

　　這制度最吸引人的地方在於「低風險、高度回報」的設計形式。像是鴻源案中，是以月息 4 分的形式來吸引投資人，如果是早期的投資人的話，只要能撐過 2 年必定穩賺不賠，但後期加入的投資人就不一定有這樣幸運了。該公司在初期穩定建立出發放利息的假象，讓投資人趨之若鶩。想想看當時的環境，銀行定存年利率約為 9%，參加鴻源方案的投資人所得利率為月息 4 分（創建初期時為月息 6 分），相形之下這是一個相對高報酬的方案，也無怪乎一堆人前仆後繼的加入，但這種低風險高報酬的方案最終證實都是一場又一場的騙局。

　　基本上，風險與報酬是相對應的行為。高風險高報酬、低風險低報酬是不變的真理，有低風險又高回報的事物幾乎是不存在的夢幻場景。

　　圖 3-2-1 為中華民國退休基金協會所繪製的各項工具報酬率與風險的關係圖，越往左下低風險低報酬，越往右上高風險高報酬。常見的銀行定存年報酬率為 1 ～ 1.1% 之間，是屬於低風險低報酬的投資工具，但優點是本金不會數字上的虧損（銀行定存數字不會虧損，但是通貨膨脹會導致購買力降低），離開政府公債之後的所有投資工具均有本金虧損的風險，像是績優股被定義在 5、期貨被定義在 10，其數字越大表示遭遇虧損時金額也越大。

　　所以，我們必須要時時切記兩件事情：

1. 風險與報酬率必然跟孿生兄弟一樣，如影隨行且對應的責任比例相當。

2. 聽起來高報酬卻低風險的，背後肯定有什麼事情是沒講清楚的。

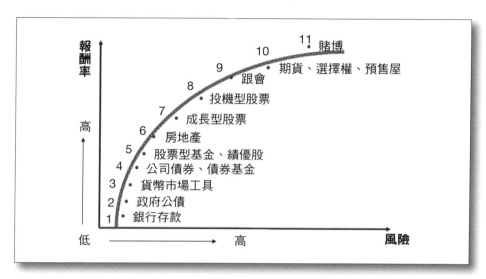

圖 3-2-1：各項工具之報酬率與風險關係圖

資料來源：中華民國退休基金協會網站

　　下次若又聽到某種低風險又能短期回收的高回報型投資，只要想想看是不是聽起來像是夢一樣？如果是的話，那就不要太相信自己的好運氣，這通常是包裹著惡夢的糖衣，只等著你一口吃下來品嚐夢醒時的苦果。

3-3 運用目標與本金來評估報酬率

簡單來說，投資理財所追求的兩個目的：一個是資產的增長、一個是被動的現金流量，兩者都是以財務目標設定來評估報酬率設定。筆者曾經遇到一個案例，有位退休的阿嬤來參加個人所舉辦關於如何尋找合適標的增加資產的理財投資課程，參加課程的年齡層大多位於青壯年之間，而她在一堆的學員中顯得特別，在課程中看得出來學習的過程頗為吃力，但卻也很認真的記下每個細節。

在中場休息時與她閒聊，想瞭解她參加課程的原因。很顯然的，她的年齡與課程所設定的目標族群不同，一般來說，還在職場中奮戰的人才會有積極的動力想提高資產，讓自己的未來多一份保障，而退休的族群則是想要如何保住自己的資產。想增加資產就必須在適當的風險下追求報酬率增長，藉由時間來降低風險的波動。

●○ 想學但不是為了自己

但對阿嬤來說，這樣的課程顯然不適當。阿嬤緩緩的告訴我說：「老師，來上課不是為了自己，而是為了我的女兒。她從小有輕微的小兒麻痺，沒辦法從事太複雜與較佳薪資待遇的工作，很擔心哪天我離開之後，她沒辦法活下去。所以想說在有生之年看有沒有機會，利用投資的方式將資產增多一些，讓女兒以後有足夠的資產可以順利的走下去。」說著說著，她的眼角有微微的淚光，想必這件事情一定造成她很大的擔憂。

「那妳有想過，投資也可能會虧損，若失利的話，反而會減少留給女兒的財產嗎？」我這樣說道。阿嬤看著我說：「所以需要學習正確的投資技巧，與其在網路上自己收集片段的知識學習，不如來參加課程瞭解整套

作法。看似免費的東西反而需要付出最大的代價，這在退休前我就很深刻的明白。」

在閒聊後，激發我很大的興趣。我說：「阿嬤，那妳留多少給女兒才覺得夠呢？這總需要一個數字。不同的投資工具有不同的報酬率，說不定股票不是最適合你的。」於是她說出了幾個數字，藉由這些數字重新檢討作法。在這個故事的最後，她帶著笑容離開教室，她的困擾在一天之內獲得解答，而這個解答的處方馬上就可以安排執行。

●●○ 釐清目標，重新調整資金配置

藉由這個案例，我們試著檢討報酬率設定是怎麼一回事。在過程中，我詢問她幾個問題：

1. 妳現有多少身家財產？

2. 妳希望留多少給女兒？

其實目標一出來之後，與殖利率（見表 3-1-1）兩相對照，答案也就呼之欲出，她跟女兒只需要搬到新北市居住，將台北的房子賣掉，整個現金部位就可以高達 3,050 萬。而她只需要將資金投入到年金險或是公債之中，換取約 2% 的每月現金流入（3050 萬 ×2% ÷12 ＝ 5.08 萬），這個數字原比缺口所需的 3 萬更多。

也就是說，其實阿嬤根本就不需要上課學習如何將老本投入到資本市場內，她只是需要找個好保險業務公司與房仲，重新調整資金配置的方式，便能讓她的女兒繼續生活下去。

表 3-3-1：阿嬤的資產現況、預期目標及可行的解決方案

資產現況	身家財產： • 台北市房產一棟（房仲評估約 2,500 萬） • 新北市房產一棟（房仲評估約 1,500 萬） • 現金部分：550 萬 • 代步車 • 壽險：200 萬
預期目標（報酬設定）	留多少給女兒： • 一開始沒概念，認為越多越好。改詢問「您認為女兒每個月需要多少收入才能維持生活」，得到 5.5 萬／月的數字。 女兒工作月薪：2.5 萬／月 缺口：3 萬／月（這是現況要立即解決的問題）
可行的解決方案	從資金缺口來看：3 萬／月 → 36 萬／年 這部分考慮的是現金殖利率而非資產增值，若以殖利率來看： 1% 時，需 3,600 萬（建議工具：定存） 2% 時，需 1,800 萬（建議工具：公債、年金險） 3% 時，需 1,200 萬（建議工具：債券基金） 4% 時，需 900 萬 （建議工具：可轉換公司債） 5% 時，需 720 萬 （建議工具：高殖利率個股）

資料來源：股魚整理

　　在這例子中告訴我們，一昧的追求高報酬並不一定能滿足自身對於財務的想法，重點是你想要的是什麼？若是低報酬低風險就可以滿足，又何必一定要追逐高風險高報酬呢？

3-4 可以躺著賺 8% 有什麼不好？

不要誤會這不是什麼情色的場景，這是一個有趣的投資問題。在風險與報酬之中瞭解到高報酬必然帶來高風險，成功投資人與失敗投資人的差異在於一個是追求運氣，在高風險投資中乞求幸運之神的眷顧，讓自己可以獲得豐厚的報酬。而另一種則是在適度的風險之中，妥善評估能承受的風險條件，並搭配各種技巧降低風險影響。前者我們稱為投資賭徒，後者我們則稱為理智投資人。

舉凡成功投資人在進行每一次長線或是短線交易時，背後必然進行多次的條件評估，在認為有高度成功機率的可能性下才進行投資。而機率這個東西有高有低，每個人的想法不盡相同，有些人只要有 30% 的成功機率就積極進行，有些人則要求百分百的獲利機會才願意投入。

這就跟風險報酬曲線有關，所謂的高風險意味者低獲利機率。要追求百分百獲利，就必須接受低報酬，但低報酬不見得不好，端看你的目標怎麼設定。當目標數字可以用低報酬加上高本金解決時，那麼低報酬反而是最佳選擇。就如同之前阿嬤的例子，她需要的是高報酬嗎？不，她只是需要低報酬與重新調整投資工具而已。

●● ETF 長期報酬率知多少？

當我們選擇 ETF 作為投資工具時，其主要的著眼點顯然不是追求低風險低報酬，大多是追求資產的增長。而 ETF 與大盤連結的特性，使得當我們買入 ETF 時，便是期待可以獲得與大盤一致性的報酬率。

那 ETF 的長線報酬是多少呢？這才是我們關心的問題。若是長線報酬連通膨都比不上時，那選擇這工具顯然就是個錯誤。要擁有整個大盤最佳的方式，不是依據加權指數的配置比例買進個股，而是直接買進相對應的指數基金。

台股市場中最著名的是 0050 台灣 50 ETF（元大寶來台灣卓越 50 指數股票型基金），該基金以追蹤主要的權值股而設計，連動率超過 70%且可直接在證券市場中交易，不僅受到一般投資人的歡迎，更是法人進入台股市場最主要的交易對象。

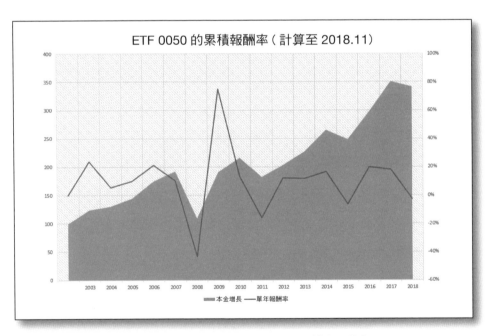

圖 3-4-1：台灣 50 ETF 的累積報酬率

資料來源：股魚整理

表 3-4-1：2003 年～ 2018 年 ETF 0050 績效回測

年度	2003	2004	2005	2006	2007	2008	2009	2010
單年報酬率	23.86%	5.60%	10.03%	21.12%	10.32%	-43.31%	74.99%	13.13%
累積報酬率	23.86%	30.80%	43.92%	74.31%	92.30%	9.01%	90.76%	115.81%
本金增長　100	123.86	130.796	143.915	174.31	192.299	109.0141	190.764	215.8111

年度	2011	2012	2013	2014	2015	2016	2017	2018
單年報酬率	-15.83%	11.94%	11.67%	16.66%	-6.27%	19.65%	18.13%	-2.61%
累積報酬率	81.65%	103.34%	127.07%	164.90%	148.29%	197.08%	250.93%	241.78%
本金增長　100	181.6482	203.337	227.066	264.896	248.287	297.075	350.935	341.7753

資料來源：股魚整理

製表：股魚

ETF 0050 從 2003 年開始發行，假設投資人從發行的第一天就投入 100 元，其中也不再投入任何資金，那這筆錢會發生什麼事情呢？由資料中可以看出，該筆資金從 100 元一路增長至 341.8 元，經過時間的作用，該資金膨脹至原本的 342%，而這段時間為 16 年。

●○○ 與定存相比，成長速度提高了 7 倍多

更進一步來計算，該筆投資的年複合報酬率則高達 7.98%。想想看，銀行的報酬率也不過才 1.1%，將資金放在代表大盤的 ETF 0050 上，則成長速度提高了 7.25 倍。

有些人會說，放在銀行內不會有本金虧損的問題，但放在 ETF 上會有虧損的風險。這個說法是沒有錯，放在銀行內相當於獲利機率 100%，那放在 ETF 0050 上呢？從過去 16 年的資料來看，有 4 年出現虧損，其餘 12 年出現獲利，相當於獲利機率 75%。

無風險的代價就是低報酬，兩者放在一起比較，更是再清楚不過了。投資人可以自己想想看，透過時間魔法般的作用，承擔 25% 的虧損機率可以換來資金大幅度的成長，這樣的條件下你願不願意承擔風險呢？

更重要的是，這並不是一個假設的報酬率，而是 ETF 0050 在過去的時間內所帶來的報酬率表現。再回顧一下，ETF 的特色是什麼？複製大盤表現。依據加權指數比例調整持股內容，投資人不需要擔憂選股問題，也不需要擔心企業倒閉的問題，只要台股市場還存活的一天，ETF 0050 便沒有倒閉的問題。

表 3-4-2：資金放在銀行與買進 ETF 0050 之比較

項目	放在銀行	買進 ETF 0050
每年獲利機率	100%	75%
16 年的累積報酬率	19.13%	241.78%
本金變化（投入 100 元）	119	341
年複合報酬率	1.1%	7.98%

資料來源：股魚整理

既然不用選股，那投資人只需要將資金投入就好，透過時間的作用，報酬率自然會產生，唯一要做的事情就是存錢投入與等待而已，與懶人投資差不多。唯一要擔心的問題就是，買 ETF 0050 算是一籃子的股票，你就不會對某企業的市場變化特別的關心，如此一來，跟同事之間茶餘飯後的話題就少了一個。

　　不過少了一個茶餘飯後的話題，可以換來專心工作與 8% 的投資報酬率，想想還是很划算的。

第 **2** 篇

台灣 50
好過台積電

台灣 50 長期持有可以享有 7.8% 的報酬率，
你滿足於此嗎？很好，不過如果一年花個幾
分鐘，就可以讓你賺到 12.78% 呢？何不試
試？！

Ch 4

為什麼是台灣 50

4-1 ETF 與指數基金的差異

在市場中，投資人大多是透過指數的高低來判斷市場的強弱，而基金經理人也大多以指數報酬為基準目標，來作為年度績效考核的方式，所操盤的基金若當年度表現可以優於大盤時，不僅有機會列入排行榜中，也可獲得相對的分紅報酬。

然而在前面的章節中曾談到，能年年擊敗大盤的基金經理人為數不多，就算有該名優秀的經理人，在台灣基金的生態下也很快會被挖角到其他地方，如此一來，投資人勢必要面臨選擇要不要跟著基金經理人更換基金，或是繼續持有看後續狀況。

誰會天天關心自己所買的基金背後的操盤人是否有異動呢？投資人要的不過是報酬率表現罷了，更何況原本優異的基金經理人換了團隊後，還不知道繳出來的成績單狀況如何，對於投資要這樣提心吊膽的追蹤，便失去了將資金交給專業經理人的原始用意。

也因為基金的績效目標都是大盤指數，所以這幾年來指數投資的風潮一路從國外紅到國內，以其指數投資為標的物的數量也從一開始的二檔（ETF 0050、0056）慢慢擴增上去，範圍也從台股指數一路擴增到外國股市、貴金屬市場等，這讓投資人有了更多選擇機會，透過指數投資來重新建構投資組合。

●●○ 指數基金 vs ETF

當我們準備投入買進之際，有個東西要先弄清楚的是「台股所提供的交易商品屬於 ETF」並非是指數型基金。這兩者在內涵有些許差異，整理如下的說明：

ETF（Exchange Traded Funds）

交易所買賣基金，又稱為指數型證券投資信託基金。世界上最早的指數型 ETF 為 1993 年所發行的標準普爾 500 指數 ETF，也就是俗稱的 SPDR S&P 500。該 ETF 是美國規模最大、也是流動性極佳的基金，投資人只要買進該檔基金就可以簡單獲得標準普爾 500 指數的報酬表現。

其最大的特點在於可與一般股票相同，在證券市場中直接進行交易，且具備實物交換機制（簡單的說，就是投資人透過經授權的證券商，以一籃子的股票和 ETF 的基金管理人以對價的方式交換受益憑證，或反過來以持有的受益憑證對價交換，取回一籃子股票），這較常用於法人的交易模式，一般人較難取得相對比例的個股數量，故本書中不討論該交易模式。

既然能在一般交易市場中買賣，自然也能被借券放空交易。而整體的 ETF 的收益分配來源來自於成分股的股票股利、現金股利與交易資本利得。

以 ETF 0050 為例，當投資人收到基金收益分配通知書時，會看見兩個組成項目：

● 54C：87 年以後股利與盈餘所得
● 76：財產交易所得

其中 54C 為 ETF 所持有的成分股除權息的收益比例分配，故按照個股收益模式會有額外可扣抵稅額項目。而 76 則是成分股買賣交易的資本利得，因目前台股並不需要課徵資本利得稅，便不像 54C 一樣，有扣抵稅額的項目。

指數型基金 (Index Funds)

屬共同基金的一種，其主要特點在於複製指數的變動。簡單來說，指數基金就是依照目標指數的構成原則買進一籃子股票，儘可能達到數量、比例的接近，所以，指數型基金報酬表現會幾乎等於指數。

常見的作法是與指數公司購買數據後，透過電腦的運算來進行比例與數量的調整，也因為是透過電腦依特定比例運算調整，不需要經理人判斷個股好壞，故也稱為被動式投資。

而在台灣元大投信有推出一檔「元大台灣加權股價指數基金」，如字面文字是仿照台股大盤指數為主。雖說如此，但因為加權指數部分個股數量與流通性不佳，該檔基金在投資策略上有些許調整，可參考基金公開說明書內容。

◎註：元大台灣加權股價指數基金公開說明書內容：

經理公司係採用指數化策略，以追蹤標的指數報酬表現為本基金投資組合管理之目標。經理公司考量基金操作方式之情形如下，因：(1)加權指數成分股眾多且不固定，或(2)市場因素或法令因素可能使基金無法依指數權值比例購買每一成分股時，或(3)成分股流動性不佳且佔指數權重較小，若強行買進可能影響受益人的投資成本，或(4)基金遭逢大額申贖而需進行大金額之調整交易等因素，故本基金將以最佳化方法進行資產管理，以追蹤標的指數之績效表現。但未來在市場狀況允許下，經理公司將不排除以完全複製方式進行指數追蹤。

指數基金與 ETF 指數股票型基金快速比較

單從文字上來看，ETF & 指數型基金是個很類似的投資工具。我們將兩者的特點整理在同一張表內，提供各位參考：

表 4-1-1：ETF & 指數型基金的特性

Item	ETF (Exchange Traded Funds)	指數型基金 (Index Funds)
主要追蹤指數	台灣加權指數	
代表性基金	ETF 0050 －元大台灣卓越 50	元大台灣加權股價指數基金
標的物數量	市值前 50 大企業	依構成指數的數量與比例
交易地點	證交所	銀行、券商信託帳戶
交易方式	等同於股票	等同於共同基金
能否融資卷	可	不可
投資模式	被動投資	被動投資
指數連動率	70 ～ 80% 之間	儘可能貼近 100%
價格變動	盤中即時	每日僅有一個買賣價格
管理費用	0.42%	2.8%

備註：台股 ETF 發展至今已有相當多選擇，本書以 ETF 0050 作為主要投資標的。相關資料均以該基金為基礎說明，若投資人需要其他 ETF 資料，可自行洽發行公司網站查詢。

資料來源：股魚整理

截至目前為止，都是以同一公司元大投信所發行的標的物作為比較說明。該公司一般的共同基金其管理費用為 3.14%。相形之下，ETF 在管理費用上有明確的優勢存在。故台股市場討論到指數投資時，指的多為 ETF 而非指數型基金。

就交易的方便性來說，能買賣台股的人一定可以購買 ETF，但卻不一定在銀行或是券商有另外開立基金交易帳戶。既然選擇上大多是買進 ETF 為主，那投資人也不需要在 ETF 與指數型基金上太過於糾結，選擇 ETF 就對了。

●●○ 個股易被操作，但 ETF 無法被炒手操作

投資市場中經常有所謂的大戶、炒手的訊息出現，這通常指特定個股被大筆資金鎖定籌碼用來拉抬股價，投資人一不小心便會成為被倒貨的對象。像這種異常的投資標的在多數的狀況下，可以運用財務報表的篩選技巧來避開，但以台灣股市生態來看，擅長使用財務報表並進行分析者屬於少數，更多的是運用技術線型技巧來進行個股操作，而這些人也往往容易成為被坑殺的對象。

在數學界中有個著名的 80/20 法則，意味者在整體被統計數量上有所謂 20% 少數勝過 80% 多數的現象；在財富的領域上，甚至於出現 1% 人的資產數字大於 99% 人總和的情況。在過往的上課，統計擅長技術線型／財務分析作為投資工具者，大致上出現 10/90 的比例分布，結果很容易猜 90% 的人都選擇了技術線型，僅有少數的 10% 選擇了財務分析。

技術線型是運用每日的價量來預測可能的結果的一種投資技巧，例如圖 4-1-1 是個典型範例，透過以往資料所構成的型態來預判未來的走勢。

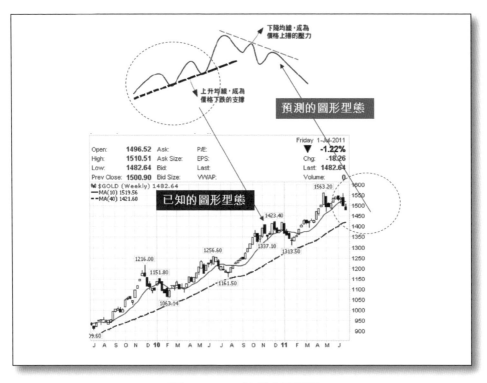

圖 4-1-1：技術線型圖

資料來源：股魚整理

　　工具這種東西準不準是取決於個人運用的好壞，當然也有可能被反過來運用。像是台股中有許多的冷門股（甚至於被稱為殭屍股），每日的交易量低於 1,000 張，股價也不高。有心人士只要配合金主，就能創造出各種線型，在市場中也有騙線的存在。

　　所謂「騙線」是指股市中大戶利用投資人大多迷信技術分析的心理，故意買進與賣出，使得價量圖表的技術線型出現特定特徵，其作用是引誘股民大量買進或賣出，從而達到大戶投資逢高倒貨給散戶的目的。

但要達到這樣的目的，必須有幾個原則：

1. 熟悉線型的相對意義
2. 足夠拉抬股價的資金

在這個概念下，要拉抬大型股顯得不切實際，小型股容易騙線的原因也在於此。但近年炒手結合基金經理人的案例也時常聽聞，結合基金經理人後可運用的資金金額後，要拉抬中型股也不無可能。

從這一點來看，要避免陷入炒手作價的陷阱中，最直接的作法就是買進的標的物大到無法被單一資金操作，這也就是最好的方式。

而 ETF 通常為一籃子的個股交易組合，尤其是 ETF 0050，市值達600 億以上。任何一個炒家的資金都無法操作其市價變化，且該基金因以台股市值前 50 大企業，並依照加權指數權重比例買進，能成為前 50 大企業，多數均為該產業的龍頭個股。如此一來，所反應的幾乎算是整體的產業景氣。當景氣不好的時候，個股也難以獨善其身，依照這樣的特性發展出景氣燈號的投資技巧。

4-2 ETF 0050 簡介

　　台灣市場到目前為止（2018 年 11 月）已發展出高達 130 檔以上的 ETF，其投資範圍涵蓋到台灣、日本、韓國、中國、香港、美國、外匯與期貨商品等種類。想投資特定的市場，藉由 ETF 一籃子股票的特性，不需要太多的功能也能輕易投資全世界。（參考附件－台灣證券市場 ETF 清單）

　　但就如同每項商品的發展史一樣，越多的供應商加入後，開始針對原有商品或是特點予以改良再產生差異化。以台灣於 2003 年推出的首檔 ETF：台灣 50（0050）與中型 100（0051）來看，後面因應投資人需求又再發展出高股息（0056）、電子（0053）、台商 50（0054）等主題式 ETF。

　　這部分就看投資人想要的內容來決定如何進行買進，想追蹤大盤績效買進 0050、想追蹤上櫃績效買進 0051、想要有高殖利率就買進 0056。以初次接觸來看，會推薦以追蹤大盤績效表現的 0050 為首選。

　　這道理也很簡單，主題式 ETF 個股的表現績效你不見得有感，但追蹤整個大盤的 ETF，只要每天會碰觸到媒體新聞，就幾乎避不開股價指數的報導，想要不注意也難。更何況景氣好壞與大盤指數高低息息相關，像是吹起無薪假風潮時，表示企業接單困難，此時指數自然也會越走越低，投資人工作可能不保，對景氣感受強烈。

　　也因為整體景氣榮枯是個重要的數據，便有相當多的公家與私人單位發展用來監測景氣趨勢的工具。要取得也相當便利，運用這樣的工具來輔助投資於 ETF 0050，是再好不過了。

讀者也許會想，那其他 ETF 有類似的工具可以輔助使用嗎？就目前已知來說，若 ETF 投資的對象是整個國家（日本日經、中國上證、美國道瓊）、或是特定產業（美國 NASDAQ、公債市場），比較有機會在專業機構中取得這樣的數據應用，若是主題式 ETF，則較為少見有輔助工具。以初次接觸來說，儘可能用許多單位都持續監測與提供的工具為佳。

ETF 0050 組成內容

以持有整個大盤角度來看，買進 ETF 0050 是絕佳的選擇。由表 4-2-1 中的資料得知，該 ETF 持股內容均為一般大眾耳熟能詳的大型企業，市值能發展到這樣的程度，其經營的績效自然是有目共睹的，加上其以儘可能複製加權指數為策略，可以減少發生賺了指數、賠了價差的情況。

也因為複製加權指數的策略，當景氣不好造成大盤指數下滑時，該 ETF 也幾乎會出現同步走勢。也就是說，用於預測景氣的工具在某種程度上，也相當於是在預測 ETF 0050 未來的走勢方向。

ETF 0050 與加權指數的相對波動數據

要瞭解 ETF 0050 與加權指數之間是否具備強相關的要件，可以利用相關係數指標來觀察，這個指標在基金裡面也被稱為 β 值（Beta 值）。

β 值（Beta 值）專門被用來作為衡量標的物的風險大小，其計算的公式如下：

β 值 = Cov（X, M）÷ Var（M）

其中，Cov（X, M）是 X 與 M 的互變異數

Var（M）是 M 的變異數

表 4-2-1：2018 年 11 月 ETF 0050 的組成
（市值變化時，內容持續調整）

股票名稱	持股比例 %	股票名稱	持股比例 %	股票名稱	持股比例 %
台泥	1.21	仁寶	1.09	元大金	1.26
亞泥	0.82	矽品	0.92	兆豐金	1.87
統一	2.16	台積電	18.78	永豐金	0.83
台塑	4.6	聯強	0.9	中信金	1.84
南亞	4.09	宏碁	0.68	第一金	0.96
台化	3.11	鴻準	1.07	統一超	1.17
遠東新	1.14	華碩	1.9	大立光	0.57
台肥	0.48	廣達	1.87	台灣大	1.6
中鋼	2.73	友達	0.67	緯創	0.61
正新	1.42	中華電	3.11	群創	0.54
裕隆	0.58	聯發科	2.92	TPK-KY	0.73
和泰車	0.76	可成	0.94	晨星 -KY	1.01
光寶科	0.79	宏達電	2.16	遠傳	1.09
聯電	1.47	彰銀	0.58	合庫金	0.79
台達電	2.15	華南金	0.94	台塑化	1.51
日月光	1.43	富邦金	1.92		
鴻海	7.92	國泰金	2.09		
		開發金	0.97		

資料來源：元大投信

它是一種是統計學上的概念，所反應的是投資對象相對於大盤（基準指標）的連動狀況。其值越大，顯示其變化幅度相對於大盤的變化幅度越大；值越小，顯示其變化幅度相對於大盤的變化幅度越小。如果是負值，則顯示其變化的方向與大盤的變化方向相反；大盤漲的時候它跌，大盤跌的時候它漲。

如果是用來衡量主動式基金的話，那 β 指標可以作為考察基金經理人降低投資波動性風險的能力。而我們目的則是要瞭解該 ETF 與大盤的連動關係是否具備一致性，當一致性越高，我們就可以透過研調機構所發布的趨勢指標來擬定投資策略。

一般來說，我們也可以透過該指標來判斷投資組合對風險的波動狀況。若大盤波動風險定義為 $\beta = 1$，而持有的投資組合 $\beta = 0.75$，表示對於大盤波動反應的程度較低。

β 的計算可以運用 Excel 所提供的 CORREL 函數來取得結果。讀者有興趣可自行上網使用 Google 查詢該函數用法，網路上有許多豐富的案例可供參考。

將加權指數與 ETF 0050 的月線資料放在一起可繪製出如下的圖形資料，單從線型資料中可看出兩者的連動關係，可說是亦步亦趨，幾乎是同上同下。那計算兩者間的 β 數值，可得出 0.98 的數據。

表 4-2-2：台灣 50 與加權指數

日期	加權指數	台灣 50_ 收盤價
2003/6/30	4872.15	37.08
2003/7/31	5318.34	40.87
2003/8/29	5650.83	44.92
2003/9/30	5611.41	44.7
2003/10/31	6045.12	48
2003/11/28	5771.77	45
2003/12/31	5890.69	45.92
⋮	⋮	⋮
2018/1/31	11103.79	84.65
2018/2/27	10815.47	82.35
2018/3/31	10919.49	82.95
2018/4/30	10657.88	80
2018/5/31	10874.96	80.75
2018/6/29	10836.91	81.45
2018/7/31	11057.51	85.55
2018/8/31	11063.94	86.95
2018/9/28	11006.34	86.9
2018/10/31	9802.13	77.55
2018/11/20	9743.99	76

資料來源：股魚整理

圖 4-2-1：加權指數與 ETF 台灣 50 連動關係圖

資料來源：股魚整理

　　表示兩者的相對關係趨近於 1:1，這也就是為什麼買進 ETF 0050 不會有賺了指數、賠了價差的主要原因。因為兩者根本就是同上同下的關係，不僅是趨勢一致，連漲跌幅的程度都相似。

　　我們整理一下到目前為止的資訊：

● GDP 對大盤指數的連動率（相對係數）為 82%
● ETF 對大盤指數的相對係數為 98%（0.98）

　　這三者的關係暗示我們，彼此之間可以相互觀察其所得到的結果必有相同關連性。也許我們不容易拿到單一 ETF 的評價資料，但是可以從 GDP、景氣的趨勢資料來研判 ETF 未來的漲跌趨勢。不要忘記了，景氣

的趨勢可不是每天一個新聞消息就會輕易改變走勢方向，但是個股卻會因為單一新聞消息就引發暴漲暴跌的現象，若投資人想要能輕易觀察又不會暴漲暴跌，那麼 ETF 是個絕佳的選擇。

●◦ 其他 ETF 的相對係數

將同一時期所發行的相對係數統整成表 4-2-3。

表 4-2-3：台灣代表性 ETF 的相對係數

證券代號	ETF 簡稱	掛牌日期	追蹤指數	相對係數
0050	元大台灣 50	2003/6/30	台灣 50 指數	0.98
0051	元大中型 100	2006/8/31	台灣中型 100 指數	0.81
0053	元大電子	2007/7/16	電子類加權股價指數	1.05
0054	元大台商 50	2007/7/16	S&P 台商收成指數	0.90
0056	元大高股息	2007/12/26	台灣高股息指數	0.66
0058	富邦發達	2008/2/27	台灣發達指數	0.84
0059	富邦金融	2008/2/27	金融保險類股指數	0.89

備註：β 數值會隨著時間而變，本表僅供參考，讀者應以手中最新資料為準。

資料來源：股魚整理

表 4-2-4：台灣代表性 ETF 的累積報酬率
（2010 年 1 月～ 2018 年 11 月）

證券代號	ETF 簡稱	累積報酬率 （2010.01~2018.11）
0050	元大台灣 50	75.1%
0051	元大中型 100	30.1%
0053	元大電子	50.4%
0054	元大台商 50	18.7%
0056	元大高股息	55.5%
0058	富邦發達	48.3%
0059	富邦金融	66.5%

資料來源：股魚整理

　　最貼近大盤表現的為 ETF 0050，離大盤表現較不相關的則為 ETF 0056 高股息。該檔 ETF 因每次現金配息率可達 4% 以上，相當受到退休族群與想建立第二現金流量的朋友的歡迎，但是高股息的背後經常是所選擇的標的物已是進入低度成長經營環境的企業，故反應在整體報酬率上自然較 0050 遜色。

　　進一步來看報酬率表現，可看出 ETF 0050 承擔大盤幾乎同步的波動，與其他主題型及產業型 ETF 相比有較佳的報酬率表現，而單一主題型像是 ETF 0053，雖然承擔較高的 1.05 的相對係數，但並沒有獲得相對較高的報酬率表現。這跟該 ETF 鎖定在電子股作為標的物有關，單一產業遇到景氣高峰時績效能優於其他人，但在長期持有與景氣低迷時則表現

不如預期。相對的 ETF 0050 標的物為市值前 50 大企業，涵蓋各行各業，故表現相對較為平穩，較不易受到單一產業景氣循環的因子所干擾。

●○ ETF 是個無聊工具

這幾年關於 ETF 投資的文章也有越來越多的趨勢，吸引不少投資朋友的眼光，不論是海外的 ETF 投資或是台灣的 0050、0056 這兩檔 ETF，總是吸引不少朋友的注意。我們常說，有吸引人的地方也必然引來反對的說法。

ETF 投資的好處簡單來說，便是放棄個股分析、放棄「選對個股」的想法，將資金轉為尋求與大盤一致性的報酬率。然而這樣做法所換來的就是，不高於大盤的報酬率。就長線而言，市場具有均一性，任何超額的報酬最終都會回歸均值，只要能獲得大盤的平均報酬，也就相當於取得當地整體的經濟發展成果。

這樣的效果到底好不好呢？美國曼哈頓的例子是個有趣的參考。相傳在 1626 年時，印第安人將現今的曼哈頓島以現今約 24 美元的價格賣出，若以現今曼哈頓島的價值來看，這無非是一項對於印第安人祖先的剝削。而曾有人因此提出這一說法，若當初是將那筆錢存入銀行作長期性定存（當時利率約 7.2%）的話，經過這些年的滾動，該筆資金已經增值成 3.3 兆美元，這表示資金的用途決定了日後的價值。但唯一的爭議是，誰能看見 300 年後那筆錢會變成 3.3 兆美金呢？

在上述的例子中，7.2% 並非是太高的報酬率要求，透過時間的醞釀則可變成一大筆財富，也就是說時間是個關鍵因子。夠長的時間加上符合政經情勢發展的報酬率，便可以讓人取得足夠的資產。就以複製大盤指數為目標的 ETF 而言，正是符合這樣需求的工具。

以近年的 ETF 0050 來觀察大盤報酬率的變化，連續持有的年複合報酬率會落在 7.98% 左右。換言之，一名年輕人在投入職場 3 年後，若順利存得第一桶金（一般而言，大多將第一桶金定義成 100 萬元的自由資金），並將其投入 ETF 0050 之中，該名年輕人在退休之際，該筆資金有機會可以成長為 1,750 萬，成長達 17 倍以上。

　　這樣的結果相對於定存自然是相當不錯的，但對於投資人最大的困擾是，投資 ETF 0050 是個相當無聊的過程。一來是沒有話題性，二來是不會有激烈的波段漲幅，大抵上是跟著台灣的整體經濟環境變化在走，景氣轉佳則獲利提升，反之則是下降。討論台灣的經濟情勢可不是一個有趣的飯後話題，若是個股就有趣多了，可以聊聊該公司的近況，甚至虧損時還能找到同病相憐的朋友，一起邊吃飯邊發發牢騷。

　　但無聊的好處就是不會讓你太專注於盤面上，而且別忘了，最重要的是投資的目的是什麼，不就是為了要能獲利，讓資金持續成長，若能達成這樣的目的，無聊一下又有何妨呢？

表 4-2-5：100 萬投資資金每年以年複合率 7.98% 成長的成果

歲數	28	29	30	31	32
資金	100	107.98	116.6	125.9	135.9
歲數	33	34	35	36	37
資金	146.8	158.5	171.2	184.8	199.6
歲數	38	39	40	41	42
資金	215.5	232.7	251.3	271.3	293.0
歲數	43	44	45	46	47
資金	316.3	341.6	368.8	398.3	430.1
歲數	48	49	50	51	52
資金	464.4	501.4	541.4	584.7	631.3
歲數	53	54	55	56	57
資金	681.7	736.1	794.8	858.2	926.7
歲數	58	59	60	61	62
資金	1000.7	1080.5	1166.8	1259.9	1360.4
歲數	63	64	65		
資金	1469.0	1586.2	1712.8		

資料整理：股魚整理

4-3 5個指標精選 0050 成分股！效果會更好？

　　篩選是個類似於漁網的概念，藉由每個孔徑的尺寸來決定目標物大小。漁夫可以由漁網來控制魚獲狀況，避免捕撈太多的幼魚。套用在投資的領域上，則是精選出投資標的物，藉由財務數據的篩選條件，將資金集中投入在績優股中，避免買進地雷股。

　　常見的方式多以複數指標的模式，區分多重面向達成平衡式選股，而部分針對特殊面向的模式，像是針對成長股、價值股、高殖利率個股、破底股、轉機股等，均可利用上述方法。

●●● 五大面向選股

　　又稱為五力分析模型。五力分析模型是麥克‧波特（Michael Porter）於 80 年代初提出，對企業戰略制定產生全球性的深遠影響。透過交叉性的分析，可以針對性的分析客戶競爭環境與自身的經營優勢為何。

　　其五力定義分別是：

1. 潛在競爭者進入的障礙力

2. 替代品的替代能力

3. 購買者的議價能力

4. 供應商的議價能力

5. 同業的競爭能力

　　五力的不同組合形成各種變化的可能性，最終影響企業利潤的賺取潛力，而這樣的分析模式也可套用在優質企業的尋找與分析層面上。

舉例來說，經營企業不僅僅是在與同類型競爭對手相互競爭，還有其他的層面需要一併考量，如電子零組件廠商的競爭對手，除來自於其他的同類型生產商，還有替代性技術產品需要注意。此外，供應狀況、關鍵零料件與市場需求狀況也需要思量，當有好的產品卻沒有足夠的供應鏈，便無法及時穩定供料，客戶便有很高的機率會重新設計產品來迎合市場現況，又或是有好的產品，但終端的消費市場對於該產品的需求尚未起飛，即便降價也無法引起消費者的購買慾望。例如近年的熱門商品平板電腦，其原始概念在 2000 年之前便已提出，甚至有類似的商品出現，但直到 Apple 公司在 2010 年推出 iPad 後，才開始普及被人們所使用。

潛在競爭者進入的障礙力

取決於市場中進入門檻的存在程度。進入門檻是那些想成功進行競爭的新進入者所必須跨過的第一道關卡，進入門檻在實務上會延緩後面競爭者進入市場的時機，並阻止很多實力不足的潛在進入者。但這樣的阻礙並不是一道永遠的屏障，有實力的競爭者一樣可以循著現有廠商的過往經驗取得競爭資格。

常見的進入門檻例如：規模經濟、資金限制、銷售通路的大小、產業經驗、特許證明等。比如具備壟斷性質的產業，都有嚴格的政策限制，像是電信產業（目前僅有三大二小電信公司有經營資格）、石油（僅有中油與台塑）以及銀行（金融特許資格）等等壟斷行業的進入。其他還有像是生技醫療產業的特定面向，需取得特許執照後才得以販售商品。一般來說，特許執照都有其經營年限的限制，但在產業生態上年限到了，通常會傾向於由原經營企業繼續續約經營，因此特許產業上的保障性較一般為高。

其他像是技術門檻或是資金門檻的類型，則較不具備保障性。例如資金門檻的典型產業為面板業，每次投資動輒上千億的資金，想成立新企業競爭難度很高，但在中國大陸政府機構的全力支持之下，大陸也成立了數家的同類型企業進入競爭，造成市場供過於求。半導體產業早期因技術門檻與專利保護的關係，競爭者較少，但隨著大陸市場自主需求的意識抬頭，該產業難保不會步入面板產業後塵。

替代品的替代能力

幾乎任何產品都有自己的替代產品，只不過替代的程度強弱不同而已，但也會因為替代品應用領域不同而產生非直接競爭關係，反而得以共存。這些替代品的存在也讓產品的價格得以合理的供應給消費者。替代品可分成同類型替代品與取代型替代品兩種，像是電腦產業著名的 CPU 供應商，早期有幾個主要供應商 Intel、AMD、IBM，Intel 與 AMD 屬於 X86 系列的同類型替代品，當 Intel 價格太高或是性能不如預期時，消費者可改購買 AMD 的產品作為替代。也由於 AMD 的存在，使得 Intel 無法以壟斷性的價格銷售產品，當市場一度傳出 AMD 銷售狀況不佳時，Intel 的產品價格也因此維持在高檔好一陣子，直到 AMD 重返市場後才又恢復價格競爭的態勢。替代品的存在從消費者的角度來看是件好事，也是自由市場自由競爭的好處。

IBM CPU 則屬於 Power 系列，主要用於高階工作站主機與嵌入式系統內。因主要應用領域與 X86 有極大的分別，簡單劃分 X86 應用於消費性市場居多，Power 系列則應用於高階工作站系統居多，在早期可說是屬同一類型，但沒有完全相互取代。隨著 X86 在效能與耗能上的精進，已開始出現高階工作站與嵌入式逐漸放棄 Power 系列，改用 X86 的現象。

在替代品中最需要關注的是，新技術和新產品對原有需求的替代有極大機會是毀滅性。如電子數位相機的發明，使傳統攝影的膠片、相片市場需求幾乎消失，Apple 公司生產的 Ipod 產品風行後，傳統錄音帶卡匣式 Walkman 也消失在市場上。

傳統產業與電子產業極大的不同也在此，傳統產業並不會因為替代性產品出現後使得原有產品消失，而是佔據吸收部分市場份額。電子產業經常是取代性的，新的技術若是更好、更便宜、更好用時，舊的產品技術馬上出現替代效應，在短時間內被市場淘汰，這也是熱衷投資電子股的投資人必須要密切注意的地方。

購買者和供應商的力量

障礙力與替代力威脅是橫向的競爭，而購買者和供應商的力量則是另一方向性的競爭。如果購買者實力比較強大時，產品的供應者則相對的議價能力會轉弱，供應者的價格與利潤會較差。反之，如果供應者的實力比較強大時，產品的需求者相對的議價能力則較弱，需求者就必須想辦法提高產品附加價值，來抵銷議價時所造成的損失。

如果一個企業上游的供應商和下游的購買者討價還價能力都較強，則可以預見該企業會生存得很累，甚至很難維持下去，例如台灣的面板產業，上游是海外大廠所把持的關鍵原物料供應，而下游則是強大的品牌廠商，面板廠幾乎生存在這兩者的夾縫當中，獲利甚微。以著名的產業微笑曲線分析來看，製造廠屬於產業鏈的底層，可想而知，製造廠需要付出較大的努力來維持經營運作。

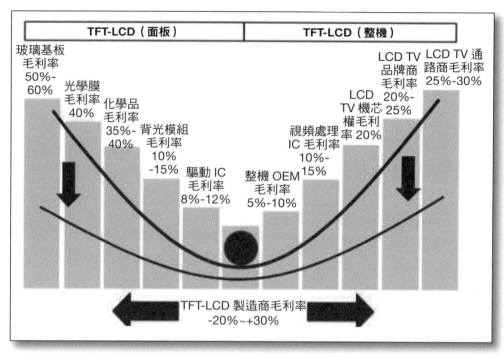

圖 4-3-1：產業微笑曲線

資料來源：股魚整理

　　反之，如果一個企業上游的供應商和下游的購買者討價還價的能力都較弱的時候，該企業則會有較多的操作空間，如有實力的便利超商、連鎖大賣場、家電賣場，由於它們擁有眾多的消費者，所以對上游的廠家提出種種不合理的要求，如進店費、上架費、促銷分擔等等。由於它們的消費者又屬於分散的個體，基本上沒有討價還價的能力，頂多是隨著促銷活動取得較佳的價格，但這部分實際上是轉嫁給上游供應商。

同業競爭力

影響同業競爭力強弱的主要因素包括：競爭對手之間的力量均衡程度、人才優劣狀況、產業整體市場增長的速度、固定成本削減程度、產品差異化程度等。

以台灣著名的兩大半導體廠商台積電、聯電為例，曾有一項對應屆畢業生的統計資料調查，若同時錄取兩家公司時，其畢業生會優先以台積電為首要選擇。這也使得聯電要爭取優秀人才時，必須要有較佳的薪資福利水準來爭取，造成薪酬支出比例較高。

從企業競爭性分析來看五力分析模型，就是為了挑出能在這五種因素中佔有較大優勢的競爭企業，儘量避免在這五種因素中不佔優勢，甚至相對是比較劣勢的企業。當然五力模型也是動態分析的模型，在現在分析中各因素佔盡優勢的公司，並不保證優勢可以持續到未來；反之，現在處於劣勢的公司，將來也不一定永遠處於劣勢。商場的競爭是一種策略性、變動性的過程，有時一個策略上的失誤就會成為優劣勢的逆轉，在分析上需要時時更新現況來進行最適性判斷。

我們會將相同的觀念套用在個股的五力分析上，投資人要像企業競爭上透過五種面向的分析，進而判斷企業的優劣與投資價值。使用財務報表的五力分析法，主要是採用其五種面向的概念，將財報分析的指標區分為不同比例數值。像是較為常見的獲利能力分析、成長力分析、債信能力分析、產品競爭力分析、本業經營力分析等，投資人可依據自身對於企業的期待來自行定義面向。

以筆者而言，較常使用的 5 個判斷指標為 ROE、營業利益率、本業比例、利息保障倍數與營業活動現金流量，運用五種指標所代表的面向來判斷該企業是否符合要件。

筆者常用的 5 種指標：

● 獲利能力：ROE ＞ 8%

● 競爭力：營業利益率＞ 0%

● 本業經營力：本業比例＞ 80%

● 債信能力：負債比例＜ 60%

● 金流能力：營業活動現金＞ 0

使用的原則也很簡單，只要能符合這 5 項要求的個股，才有必要進一步的篩選。

不符合的個股則直接剔除，如此一來，可以有效減少分析的數量。

我們將整個五力分析的篩選原則分為粗篩與細篩兩個階段：

● 粗篩：針對整個市場所有的個股進行基本要件的分析（如上的 5 個指標）。

● 細篩：從合格個股中再進一步針對產業特性篩選。

在兩個階段篩選後，所剩下的個股即為精選股，可納入口袋名單之中。當市場價格符合需求時，便可直接買進。

●○● 從 ETF 再精選會更好，是真的嗎？

在投資的過程中，總難免會追逐更好報酬率的可能，而 ETF 0050 本身已經是個一籃子股票的組合，對投資人唯一的問題是，它僅是利用市值作為篩選指標，市值前 50 大的公司不分好壞直接買進，這對於奉行財務精選個股的投資人而言，有再改進的空間。

　　我們想一想，市值前 50 大企業均具有產業的代表性，也一定某程度上會反應景氣的波動，而財務體質較佳的公司是否一定會有較優質的報酬，這就很值得我們透過實際的報酬率驗算，來證實這樣的假設。

　　首先我們先定義幾個假設條件：

1. 篩選的財務採用年度報表。

2. 指標以上述的 5 個指標來篩選，凡通過的個股視為新的一籃子股票。

3. 比較 ETF 與再篩選的一籃子股票進行近 5 年的報酬比較。

　　先從 ETF 0050 的最新名單（2018 年 11 月）得到資料。

　　將五力分析的粗篩指標套入各家公司的財務數字（2017 年報）中做出篩選後，可得到表 4-3-1 結果（篩選後剩下 22 檔）。

表 4-3-1：ETF 0050 經五力分析篩選後投資標的

證券代碼	證券名稱	權重(%)	ROE	營業利益率	本業比例	負債比例	營運活動現金
1101	台泥	1.02	9.22	14.2	82.6%	43.99	12,310,560
2105	正新	0.48	9.79	7.48	82.7%	53.71	8,900,893
2330	台積電	34.19	27.2	39.45	96.1%	23.55	585,318,167
2354	鴻準	0.43	9.49	7.12	82.6%	37.53	8,354,545
2409	友達	0.71	18.53	11.48	86.5%	48.98	84,363,331
2412	中華電	2.61	12.89	20.53	97.0%	17.19	70,931,864
2492	華新科	0.52	20.3	15.21	86.0%	45.58	2,443,815
2801	彰銀	0.7	10.04	35.04	100.0%	92.88	31,205,584
2823	中壽	0.49	9.91	3.42	99.8%	93.5	162,812,955
2880	華南金	0.97	8.54	33.53	100.0%	93.62	19,680,212
2881	富邦金	2.34	12.68	80.8	100.0%	92.94	2,719,516
2882	國泰金	2.49	10.48	84.53	100.0%	93.12	121,638,818
2884	玉山金	1.36	12.13	35.55	100.0%	92.82	23,341,658
2886	兆豐金	1.82	9.92	41.38	100.0%	91.6	139,588,479
3008	大立光	2.26	37.77	60.41	97.4%	20.28	31,575,727
3045	台灣大	1.11	26.78	16.29	97.6%	57.6	30,320,285
3481	群創	0.56	19.96	14.28	83.4%	36.29	82,642,659
4904	遠傳	0.76	18.52	15.44	98.3%	46.92	24,849,266
4938	和碩	0.65	11.29	1.59	80.5%	63.19	18,823,847
5871	中租 -KY	0.69	27.75	31.02	94.3%	82.85	1,302,856
5880	合庫金	1.03	8.32	34.18	100.0%	93.98	451,363
6505	台塑化	0.98	29.42	14.69	91.4%	20.25	79,799,242

PS：金融產業因屬於運用負債獲利的營運類型，不適用負債比例 < 60% 的原則。

資料來源：股魚整理

　　將這 22 檔個股當成是一個新的投資組合，與 ETF 0050 作為比較。因我們篩選資料取自 2017 年財報數據，故報酬率的比較期間採用 2018 年 1 月 1 日～ 2018 年 11 月 26 日這段時間。整理如表 4-3-2。

　　假設同樣一筆錢分成兩半，一半平均投入在 22 檔個股中，另一半則是投入在 ETF 0050 之中，比較兩者的報酬率發現，經過篩選後的投資組合報酬率為 5.1%，而同一時期的 ETF 0050 報酬率則為 -4.12%。一來一往之間，報酬率差了 9.22%。

Item	2018.01.01 ～ 2018.11.26 報酬率
大盤指數	–8.74%
ETF 0050	–4.12%
0050 精選	5.1%

資料來源：股魚整理

　　以 2018 年的數據來看，在一籃子的股票中再精選的策略，有助於再提高整體報酬率數字。從上表中也可看出個股的表現高低均不相同，22 檔精選股在同一時間內一樣有部分個股陷入大幅虧損的狀況，有信心捕捉特定產業狀況的可考慮集中重壓，以提高報酬率表現。若沒把握者，運用再篩選的精選股技巧，也有極高機會再提高報酬率。連選股都不想選的，那直接買 ETF 0050 就是你最好的選擇。因為你不會得到比大盤更好的報酬率，但也保證你不會遇到單一個股大幅虧損的狀況，利弊取捨由投資人自行抉擇。

　　簡單投資行為判斷表：

● 不想選股，只想擁有大盤報酬：直接買進 ETF 0050。

● 有能力選股想要更佳報酬機會：從 ETF 0050 再精選並分散買進。

● 對產業眼光精準：從 ETF 0050 精選後再判斷當年度產業狀況較佳者投入。

表 4-3-2：ETF 0050 精選股的投資績效

證券代碼	證券名稱	權重 (%)	報酬率
1101	台泥	1.02	10.37%
2105	正新	0.48	-19.52%
2330	台積電	34.19	0.71%
2354	鴻準	0.43	-24.30%
2409	友達	0.71	14.44%
2412	中華電	2.61	5.97%
2492	華新科	0.52	61.07%
2801	彰銀	0.7	15.19%
2823	中壽	0.49	7.00%
2880	華南金	0.97	13.46%
2881	富邦金	2.34	2.87%
2882	國泰金	2.49	-3.01%
2884	玉山金	1.36	19.80%
2886	兆豐金	1.82	15.05%
3008	大立光	2.26	-12.76%
3045	台灣大	1.11	7.25%
3481	群創	0.56	-12.63%
4904	遠傳	0.76	6.11%
4938	和碩	0.65	-25.12%
5871	中租 -KY	0.69	12.59%
5880	合庫金	1.03	14.99%
6505	台塑化	0.98	2.66%
	組合報酬率	5.10%	

PS：假設同一筆資金平均投入該 22 檔個股中。

資料來源：股魚整理

●○○ 投資應掌握在自己手中

自己的命運應交付給旁人還是由自己決定，相信多數人的選擇都是交給自己決定，不論這個結果是好是壞，只要是自己作出的決定，都應會坦然接受自己奮鬥的結果，也會在這樣的過程中努力的增加自身的經驗與能力，來追逐更好的可能性。

但有沒有哪件事情我們總是輕易交給別人處理，而在他人代為處理的過程中，我們總是一而再再而三的忍受對方不斷的提出各種要求？

有的，那就是投資。這個在資本世界中最重要的行為，在大多數的時間裡，我們總是被教育投資是一件複雜的事情，必須倚重專業投資機構來協助投資所需的大量資訊，同時我們也輕易的接受這樣的論調，將寶貴的資金交付給他人並支付費用。但在多數的時候，頂多得到與趨近於大盤隨機的報酬，甚至於在當年度資金發生虧損，投資機構還會跟你說：「你看大盤跌了 5%，我只跌了 4%，我的績效優於大盤」。與其忍受這樣的說詞，還不如直接買進指數基金或是 ETF 的產品，來取得貼近大盤的報酬表現。

就實際而言，投資機構一點都不關心你的資金報酬績效，它們只關心你交付多少資金與是否能夠持續支付手續費。你也不需要太驚訝，現實就是這麼一回事，因為兩方的利益並不一致。倘若有一間投資機構其索取報酬的方式不是採用固定費用的手續費，而是改採用績效為正報酬時才索取正報酬一定比例作為費用時，你與投資機構的利害關係才會一致。

當資金沒有成長時，對方便不能取得報酬，那可以想見機構一定會比你還關心資金的管控與績效，因為沒有績效就沒有費用收入。但很遺憾的，目前這樣的收費機制只有在私募對沖基金曾經出現過，絕大多數還是採用固定費用制，如此便注定了投資機構不關心你的部位績效的命運。

那我們該如何取回自己對於投資資金的掌控權呢？很簡單，那就是自己投資就好。投資人心中第一個疑問就是，投資不是很複雜嗎？大型投資機構都不一定可以做得好了，個人豈不是更差？嗯，這是一個好疑問，但我們首要的工作就是打破這個迷思。

投資機構本身有兩大限制是無法改變的：

1. 投入的資金不是 100%，必須先扣除手續費、廣告費、管理費等支出。
2. 有恐龍症對於應變反應差，遇到企業有問題時跑不快，無法靈活對應。

而自己投資正好可以解決這兩個大問題，不僅投資標的可以自己選，景氣轉向時，隨時可以出場不用受制於資金部位。

用一個簡單的邏輯來看，如果大型機構只要能貼近指數就算績效卓越，那投資人最簡單的作法就是仿照指數的組成配置來購入股票就好。以台股為例，台灣 50 指數對於大盤的連動率在 90% 以上，相對於上市櫃上千檔個股而言，整個需要篩選的比例已經大幅下降，那再從 50 檔指標類股中選出財務績效好的企業來投資，投資績效優於大盤便是可預期的結果，而從前面的數據中也已經看到這樣的結果。

那篩選會不會很困難呢？其實也不會，指標也不複雜。運用常見的券商網站的財務篩選工具，就可以快速的找出符合標準的個股。不要再讓自己的資金掌握在與你利害關係不一致的人身上，把投資掌控權取回到自己身上，為自己的投資路打下良好的基礎。

Ch 5

利用景氣燈號，提升投資報酬率的最簡單方法

5-1 景氣指標不用找，媒體自動送上門

複習一下，ETF 投資的基本原則：第一、ETF 與景氣、GDP 有高度的連動關係，其中以 ETF 0050 的連動關係最為接近 1 的比例；第二、從長期投資的角度來看，投資整個大盤的 ETF 0050 有接近 8% 的年複合報酬率，第三、若是投資人有能力自行選股的話，將 ETF 的內容再進行精選，有極大的機會報酬率能再進一步提升。

可是問題來了，當投資人專注於日常工作之際，要再投入心力在選股之上，顯得力不從心。最好是有人幫忙篩選好，告訴他答案，而我們從前面的案例中瞭解到，若是精選股的策略需要每年利用財務報表重新配置持股內容的話，那往往隔年容易陷入無以為繼的狀況，除非投資人願意自己投入時間學習選股技巧，這樣的狀況才有機會改善。

除了運用精選股策略外，還有沒有什麼其他方式也可以進一步推升 ETF 0050 的報酬表現呢？事實上，有的，那就是接下來要跟各位介紹的景氣燈號趨勢投資法。景氣燈號趨勢投資法主要利用景氣趨勢資料容易觀察、不易忽然反轉的特性，來獲取 ETF 的加減碼時機，運用低點逐步加碼、高點逐步減碼的技巧，讓報酬率進一步提升，不僅符合簡單易學的原則，也降低長期持股的焦慮感。

在筆者所認識的投資朋友中，不乏長期投資人，但我們所謂的長期投資其實本質上天差地遠。有些人的長期是定義在至少一個景氣循環 3 ～ 5 年的時間，有些人則是以一季的短期循環就視為長期投資。這種東西沒有所謂對錯與否，只是相同的名詞不同的定義內涵，常常會讓人有雞同鴨講的狀況，這倒是需要特別注意的。

過長的投資確實容易造成焦慮，畢竟時間一去就無法回頭，萬一投資是個錯誤，那時間也是浪費掉了。若投資人針對自己的持股投資部位無法維持足夠的信心與做到遺忘持股（不看盤），每天盯著股價上上下下，再有耐心的人也很難不動搖。一段時間有以固定指標為依據進行加減碼的持股策略，相信對於廣大的投資朋友而言都是很有利的結果，而景氣燈號趨勢投資法正是這樣的產物。

●○ 景氣燈號資料去哪找？

運用景氣燈號趨勢投資法首要面對的問題是，如何取得景氣燈號的資訊？但其實這個資訊根本也不用特意去找，熱心的媒體網站就會自己幫我們整理好了，只要打開新聞媒體的網站（Yahoo、UDN、Google News 等），便能在發布的第一時間得到景氣燈號的訊息。例如以下這篇訊息：

10 月景氣燈號有望重返綠燈

工商時報【于國欽／台北報導】2018 年 11 月 25 日 上午 5:50

國發會將於週二（27 日）發布景氣燈號，10 月股價下滑，但在工業生產、批發零售表現仍佳的拉抬下，景氣在黃藍燈、綠燈之間拉拒，在膠著中有機會重返綠燈。至於連續 4 個月下滑的領先指標，是否回升？也是觀察重點。

國發會依股價、工業生產、海關出口等9項指標所彙編的「景氣綜合判斷分數」於9月降至22分，跌破綠燈門檻，再次亮出代表景氣趨緩的黃藍燈，而依目前所公布的10月分指標可發現，有機會重返綠燈。

資料來源：工商時報

　　每個月在新的景氣燈號發布之前，媒體網站會陸陸續續的發布相關訊息。景氣燈號訊息上有幾件事情要特別注意：

1. 訊息大多是先提出預估結果，每月的27號才是正式公布

2. 公布單位為國發會

3. 發布資料為上一個月統計（11月所發布的資料為10月的統計結果）

　　就現實而言，景氣燈號指標發布的是上個月的統計資料，所以該指標屬於落後性的趨勢指標。在開始運用之前，要先建立這樣的認知，不要用自己當下的感覺來決定該指標是否準確。每個人會因為所屬產業的景氣位置與周遭環境的氛圍，來決定對於景氣好壞的看法，但每個人的條件不同，認知自然會產生差異，而景氣燈號指標是從整個大環境各項數據統計的結果（出口率、工業生產指數、大盤指數、銷售量等）而來，並不限定特定產業與特定面向，純粹是個依據數據公式所換算出來的資料。

　　也正因為與個人感覺無關，作為投資決策的參考指標是再好也不過了。各位想想，有多少次投資的過程是因為「個人感覺」而改變原本投資的看法。當恐懼時跟著大家一起恐懼，所以錯將潛力持股低價賣出，當熱情高漲時，聽到每個產業可能帶來高獲利的訊息，也不分辨真假就一股腦全部投入，當夢醒時分徒留下滿滿的懊悔。如果有一種指標不帶任何感情的因素，只是如實的表達數據的結果，並用簡單的形式讓大眾理解，這就是最好的參考指標，而景氣燈號正是這樣的工具。

●○ 投資要勇敢的做自己，拒絕隨波逐流的耳語

　　人身為群居式的動物，許多時候必須依賴他人的協助方能夠完成各項事物，這也容易讓群體的意識力量駕凌於個體的想法上，形成了多數暴力的來源之一。當我們看見許多聰明人進入到特定組織後，發現他的判斷模式與邏輯都跟之前大不相同時，不需要太懷疑，他已經被迫循著組織運作的模式來處理事情，個人的想法也許很重要，但在大架構下，如何讓組織事務順利推動則是更重要的考量。

　　而這個道理不難理解，因為我們必須依附在群體之下，所以當大夥都往東邊走的時後，往西邊走的人會被視為不合群，之後便被群體遺棄。在動物的世界中，被群體遺棄的下場只有死路一條而已。人至今仍存有遠古的基因，無法徹底的擺脫控制，這在心理學中有許多的討論。其他像是痛苦規避、追求歡愉的基因等，都在學術討論之列。

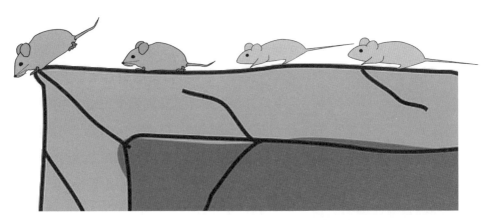

圖 5-1-1：多數時候人們也跟旅鼠一樣，跟著跳下去而已。

圖片製作：Ivy

但必須說一件事情，在投資這檔事上，群眾的想法並不一定是完全正確的。那是一種規避的行為，而不是理性分析的結果。舉例來說，當價格下跌時，投資人第一個想到的並不是加碼買進而是恐慌賣出，主要的心理因素是規避痛苦，而下跌的痛苦感受度是上漲時歡愉程度的數倍以上。跟著別人做相同的一件事情時，可以有效降低心裡不愉快的感受，甚至於罪惡感。

　　想個場景，當有一群人在欺負另一個人時，你若是屬於欺負人的那一邊，在團體所有人都動手欺負受害者時，此時你也加入欺負者的行列，其實你並不會有什麼特別的罪惡感，反而有種歸屬與參與的感覺。但若是只有自己一個人時，就會審慎考慮這樣做的後果，甚至害怕動手後的責任。以這種極端的案例來看，欺負人是否正確，當然是不正確，可是當所有人做相同事情時，正確與否就不見得是首要考量，重點反而變成是「有沒有跟別人做一樣的事情」。在投資上，我們也經常陷入相似的場景中，明知道優質個股持續下挫的過程中，應評估加碼幅度讓建立部位的成本降低，但在現實上卻是跟著其他人一起賣光光，等到利空反應結束，股價回復應有水準時，又扼腕不已。

　　在古代有句諺語：「夏則資皮、冬則資絺、旱則資舟、水則資車，以待乏也」，所指的是陶朱公的致富之道。古代以農業為生，人民靠天吃飯，乾旱、水災在所難免，陶朱公在乾旱時已預期到來年水運所需；雨水豐足時，又早為旱季作準備，豐年時他大膽收購糧食，因為不可能年年豐收，這樣收進的貨物不愁賣不出去。同樣地，大旱年物價上漲時，他儘量拋售存糧，決不囤積居奇。就這樣他不但自己致富，也平抑物價，避免豐年物價低廉而傷害農民；荒年弄得民不聊生，對社會國家做出積極的貢獻。

　　致富之道，古今皆同。當群眾只看見眼前的事物時，要倒過來做才能有效的降低成本。記得童年時玩 KOEI 公司所出品的光榮模擬遊戲——三國志或信長之野望系列時，只要遇到秋季大豐收時，便是大舉收購兵糧的時候，等到冬季與糧食匱乏訊息出現時，將豐收時所大量囤積的兵糧出售，便可以獲得不錯的利潤，藉由季節變化所造成的糧食狀況變化，便可在短期順利增加城池所需資金。人生如戲、戲如人生，在模擬遊戲中創造資金的技巧與現實生活投資所需的技巧在本質上並無二致，只是現實投資環境變化比遊戲更加複雜，但基本的道理卻是一致。

　　由古看今，從虛擬看現實，都是在告訴你一件事情「倒過來做才有利潤」，豐收時賣糧則糧價賤，欠收時買糧則代價高。換成股票市場，不就是「當眾人恐慌時則股價低，眾人貪婪時則股價高」，雖然在現代有足夠的財務工具，可以協助投資人適當的評價一檔個股的價格，但卻無法改變眾人恐懼時也恐懼，眾人貪婪時也跟著貪婪的從眾心態。唯有投資人能自我分析事件提出看法，拒絕跟隨他人看法時，才有機會體會從古不變的致富心法！

5-2 景氣指標是什麼？

景氣指標是為衡量經濟景氣概況，將一些足以代表經濟活動且能反應景氣變化的重要總體經濟變數，以適當統計方式處理，編製而成。目前主要的發布單位以國發會為主，其所發布指標包含領先、同時、落後三種景氣指標，並同時發布景氣對策信號（景氣燈號），提供給各相關單位做為決策輔助參考之用。景氣指標的三個功能如下所述：

一. 領先指標

由外銷訂單動向指數、實質貨幣總計數 M1B、股價指數、工業和服務業受僱員工淨進入率、建築物開工樓地板面積（住宅、商辦、工業倉儲等）、實質半導體設備進口值，以及製造業營業氣候測驗點等 7 項構成項目組成，具領先景氣波動性質，可用來預測未來景氣之變動。

按照過往的經驗，經濟轉折時，領先指標綜合指數會先連續 3 個月出現同方向變動。例如，當領先指標近 3 個月出現減幅衰退的同方向變動，

表 5-2-1：基本判斷模式

指標趨勢模式	判斷
跌幅連續擴大	景氣惡化
跌幅連續縮小	有望落底復甦
增幅連續擴大	景氣增溫
增幅連續縮小	景氣將趨緩

資料來源：股魚整理

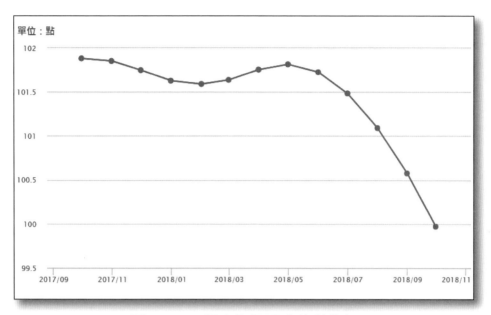

單位：點

圖 5-2-1：領先指標不含趨勢指標

資料來源：國發會（2018 年 11 月）

便是經濟可能陷入衰退的訊號；而經濟陷入衰退時，領先經濟指標必然會出現連續 3 個月的下降。

從圖 5-2-1 資料指出領先指標從 2018 年 5 月開始出現減幅現象，且連續 5 個月持續減幅與擴大，表示下半年度景氣反轉向下有惡化的趨勢。

二 . 同時指標

由工業生產指數、企業總用電量、製造業銷售量指數、批發、零售和餐飲業營業額、非農業部門就業人數、實質海關出口值，以及實質機械和電機設備進口值等 7 項構成項目組成，代表當前景氣狀況，可以衡量當時景氣之波動。

從資料上來看，該指標從 2018 年 1 月後就出現緩降的跡象。

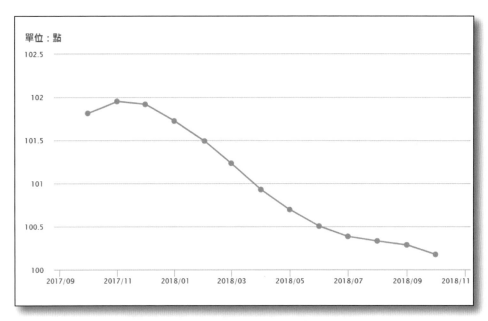

圖 5-2-2：同時指標不含趨勢指標

資料來源：國發會（2018 年 11 月）

三．落後指標

　　由失業率、製造業單位產出勞動成本指數、金融業隔夜拆款利率、全體金融機構放款與投資，以及製造業存貨價值等 5 項構成項目組成，用以驗證過去之景氣波動。當落後指標到達景氣循環高峰的轉折點時，表示現況的經濟活動已經跨過高峰，邁入景氣下降階段；而當此種指標達景氣循環的低谷轉折點時，表示經濟已開始復甦。就個人實務上來說，較常以領先指標與落後指標趨勢來研判未來走勢與景氣頭部是否浮現。當頭部浮現可預估 ETF 0050 反轉向下的機率大增，便可適度調整資金投入策略。

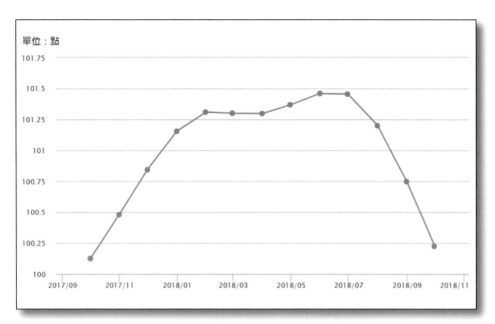

圖 5-2-3：落後指標不含趨勢指標

資料來源：國發會（2018 年 11 月）

　　透過指標交叉判斷，各地的機構可以據以評估接下來的景氣走勢。舉例來說，當企業經營者透過指標數據與實際接單現況瞭解後續的可能變化後，便可開始進行體質的調整改善。以 2018 年鴻海集團傳出要大幅度調整營業費用支出、降低集團總人數的訊息，便是經營者研判整體情勢後所做出的判斷。

　　這種指標趨勢的提前判斷為什麼重要？對經營者而言，每次的調整需要考量組織的陣痛程度，調整的速度太快、太猛會讓人心浮動與人力流失，人力流失等於是自己多年培育的人才被競爭對手順勢收割。人是企業競爭力的根本要件，如何有效調整卻又不造成人力損失是個重要課題，有足夠時間讓組織內部來吸收各種衝擊是非常重要的。

●○○ 簡化一切判斷的景氣燈號

　　從領先、同時、落後三個指標交叉的判斷，能協助我們很快的瞭解近期景氣的趨勢方向，但這樣的形式對一般民眾而言，仍顯得不是那麼親民，有沒有更簡單、更直覺的方式來讓民眾知道資料內容呢？景氣對策燈號便是這樣的一個產物。

　　在每個人的生活經驗中，一定不乏過馬路的情況，其規範也很簡單。當我們看見紅色燈號時要停下來、看見閃黃燈時要注意或是加速通過、看見綠燈時則可安心過馬路，只要看顏色變化便能判斷下一步該怎麼做。而景氣燈號也是類似的概念，紅燈表示景氣熱絡、綠燈表示景氣平穩。但在 ETF 0050 的投資概念中，我們需要改變一下思維邏輯，想要報酬最大化與風險最低，那就是與一般人反著做。

●○○ 景氣燈號的組成意涵

　　景氣對策信號亦稱「景氣燈號」，是用一種類似燈號號誌的方式，以 5 種不同顏色信號燈來代表景氣狀況的一種指標。主要係由以下 9 種指標構成：

1. 貨幣總計數 M1B 變動率

2. 股價指數

3. 工業生產指數

4. 非農業部分就業人數

5. 海關出口值

6. 機械與電機設備進口值

7. 製造銷售量指數

8. 批發、零售與餐飲業營業額

9. 製造業營業氣候測試點

　　每個月依各構成項目之年變動率變化經比較與總和判斷後，視其落於何種燈號區間給各別項目分數及燈號，並加總所有項目後即為綜合判斷分數及對應之景氣對策信號。

　　將整個項目列在一起比對，可得知景氣燈號指標是從領先與同時指標中擷取部分項目的綜合判斷（表 5-2-2）。

　　景氣對策信號燈號的基礎解讀方式：

1. 紅燈：表示景氣熱絡

2. 綠燈：表示當前景氣穩定

3. 藍燈：表示景氣低迷

4. 黃紅燈：注意性燈號，介於熱絡與平穩之間

5. 黃藍燈：注意性燈號，介於平穩與衰退之間

　　也可以參考國發會所彙整的資料表（如表 5-2-3）來進行判斷：

表 5-2-2：領先、同時、落後三指標與景氣燈號構成內容

項目	景氣燈號	領先指標	同時指標	落後指標
外銷訂單動向指數		○		
實質貨幣總計數 M1B	○	○		
股價指數	○	○		
工業及服務業受僱員工淨進入率		○		
建築物開工樓地板面積		○		
實質半導體設備進口值		○		
製造業營業氣候測驗點	○	○		
工業生產指數	○		○	
企業總用電量			○	
製造業銷售量指數	○		○	
批發、零售及餐飲業營業額	○		○	
非農業部門就業人數	○		○	
實質海關出口值	○		○	
實質機械及電機設備進口值	○		○	
失業率				○
製造業單位產出勞動成本指數				○
金融業隔夜拆款利率				○
全體金融機構放款與投資				○
製造業存貨價值				○

資料來源：國發會

表 5-2-3：景氣對策信號燈號

	紅燈 Red	黃紅燈 Yellow-red	綠燈 Green	黃藍燈 Yellow-blue	藍燈 Blue
	●	◔	○	◕	◉
	熱絡 Booming	轉向 Transitional	穩定 Stable	轉向 Transitional	低迷 Sluggish
綜合判斷(分) Total Score	45-38分	37-32分	31-23分	22-17分	16-9分
個別項目分數 Scores of Component Indicators	5分	4分	3分	2分	1分
貨幣總計數M1B Monetary Aggregates M1B	←	14.5 —	(% yoy) 8.5 —	6.0 —	3.5 →
股價指數 Stock Price Index	←	17.5 —	10.0 —	-0.5 —	-16.5 →
工業生產指數 Industrial Production Index	←	11.0 —	7.0 —	2.5 —	-2.0 →
非農業部門就業人數 Nonagricultural Employment	←	2.3 —	1.7 —	1.2 —	0.6 →
海關出口值 Customs-Cleared Exports	←	16.0 —	10.0 —	3.5 —	-2.0 →
機械及電機設備進口值 Imports of Machineries and Electrical Equipments	←	16.5 —	7.0 —	0.0 —	-6.5 →
製造業銷售量指數 Manufacturing Sales Index	←	10.5 —	6.0 —	1.5 —	-2.0 →
批發、零售及餐飲業營業額 Sales of Trade and Food Services	←	8.0 —	5.5 —	2.5 —	-1.0 →
製造業營業氣候測驗點 The TIER Manufacturing Sector Composite Indicator	←	104.0 —	點 (2006=100) 100.5 —	97.0 —	93.0 →

註：1.除製造業營業氣候測驗點檢查值為點（2006=100）外，其餘項目則為年變動率。
　　2.各個別項目除股價指數外均經季節調整。
Notes: 1. Individual Componenets and check points are in terms of pecentage changes over 1-year span, except that the TIER Manufacturing Sector Composite Indicator is points (2006=100).
　　2. All components, except stock price index, have been seasonally adjusted.

資料來源：國發會

　　大致上來說，景氣燈號中因包含股價指數，可以想見當景氣熱絡（紅燈）的時候大盤的指數位置應相對偏高，而景氣低迷時則大盤指數位置則相對偏低。在景氣熱絡的時候，投資人的情緒高漲，容易產生追高的情緒，反之則是越殺越低，這是一種人性的表現，也就是所謂的追高殺低。

在股票市場，有多年經驗的投資人大多會體會到一件事情，當眾人因失望離開市場時，必定是滿地的黃金隨手可得，不僅能用最低的成本建立部位，也會有最大的潛在報酬。但實際上卻頗為困難，在市場普遍悲觀、成交低迷，打開媒體訊息都呈現悲觀論調時，要拿出資金做反向投資需要很大的勇氣。

股票市場有句諺語是這樣說的：「行情總在絕望中誕生，在半信半疑中成長，在憧憬中成熟，在希望中毀滅」，一句話表達了股票市場總是在眾人情緒高漲的時候開始反轉向下，在眾人心碎後重新站起來。那我們所要捕捉的重點，便在於「絕望」何時發生？又要怎麼看出來呢？

●● 市場高點反轉，歷史殷鑒不遠

在台股市場中不乏高點反轉的案例，綜觀過去 30 多年的時間，曾出現多次重大金融事件，例如：

1990 －證交稅事件（股市從 12,682 點下跌到 2,560 點）

1995 －兩岸台海關係緊張（股市從 7,051 點下跌到 4,503 點）

1997 －亞洲金融風暴（股市從 10,116 點下跌到 5,474 點）

2000 －網路泡沫化（股市從 10,202 點下跌到 3,446 點）

2003 － SARS 危機（股市從 4,500 點下跌到 4,044 點）

2008 －次級房貸（股市從 9,295 點下跌到 4,089 點）

2012 －證所稅復徵（股市從 8,000 下跌到 6,857 點）

　　每一次的事件總是伴隨著投資信心崩潰與短期的指數連續重挫，而每一次的風暴過後在事後回顧總是很容易聽到有人說：「假如事件再發生一次的話，我這次一定連房子都拿去做全額貸款，來個 ALL IN 參與財富重分配的機會」。或者是說當下次 ETF 0050 跌到 50 元以下時，要整個買好買滿，不會再錯過最佳的賺錢機會。

　　但最核心的問題是每次事件發生時，不僅低點抓不到，甚至連半信半疑的成長階段也沒能參與，等到有信心投入市場時，往往已經離高點反轉不遠。這就是投資人的通病，從事後的線型資料來看，每個人總是能說出一口好解釋、好買點，但在事件發生的當下卻又什麼都沒做，只能一次又一次的與財富擦身而過。

　　這時候你需要的不是一個線圖資料，而是一個很明確可以告訴你現在是否為高點與低點的指示，來讓你輕易的做出判斷，甚至排除個人情緒按照指示進行投資，而景氣燈號搭配 ETF 0050 正是絕佳的組合工具。

●◑◐ 忽略媒體標題，專注數字內容

　　從景氣燈號來預判未來的走勢是個簡單有效的技巧，資料來源以政府機關的國發會為準，每月的景氣燈號均由該單位彙整完成後統一進行發布，再由各家媒體取得資訊後並予以發布。這個看似沒什麼問題的轉發步驟，經過媒體工作者的加油添醋後，讀者看到的感受恐怕會有失真的情況。若是能直接登入國發會網站取得發布資料是再好不過的方式，現代人取得資訊的路徑通常不是直接登入原始發布網站，而是藉由媒體平台發布後，再依照標題所給予的刺激度來決定是否看該則訊息。

如此一來，所獲取的訊息除了原始數據外，還會附加上媒體的評論。公開的景氣數據本就可受到公評，而媒體平台所附加的標題與評論則是會造成讀者有不一樣的解讀方向。或許讀者沒發現到，我們日常生活中可以獲取資訊的管道多達十多種，而每種媒體都帶有各自的立場與判讀模式，若沒有獨自思考的習慣，則容易被牽著鼻子走。

表 5-2-4：媒體平台

項次	來源方式	例如
1	網站式一般新聞	Yahoo、東森、UDN、MSN、Google
2	報紙式一般新聞	蘋果日報
3	專業財經網站	鉅亨網、聚財網
4	專業財經報紙	經濟日報、工商時報
5	一般性論壇兼設財經討論區	PTT、Mobile01
6	第三方公正資訊揭露	證交所、櫃買中心、上市公司
7	專業財經雜誌	商業週刊、今周刊、財訊、Money 錢、Smart 智富
8	雜誌兼論財經	天下雜誌、遠見雜誌
9	專業產業資訊網站	電子時報、產研機構
10	券商研究報告	各券商研究部
11	產業分析報告	各券商研究部

資料來源：股魚整理

就產業消息來看，發布速度越即時的（網站式新聞）其真實性越低。舉例來說，媒體平台為搶時效性，每一則新聞訊息經常是未經確認就直接發布，若其後有新訊息發布或是更正，則傾向於直接覆蓋原有資訊的方式處理。

而發布速度較不即時的（財經雜誌），每一則訊息發布之前會經過審稿與消息來源確認等步驟，寧可慢一點發布也不輕易刊載任何消息。這樣的資訊平台在資料品質上有著較佳的保證。

現今資訊爆炸之後，整個路徑上充斥著過量的資訊，造成投資人容易被超載的資訊給搞得不知所措，各種的文字訊息容易直接左右投資人在市場的心理情緒，更何況是一堆模糊不清的無效訊息，而其中更有許多的假消息流竄，若一不小心就會誤觸陷阱。

媒體網站本身為了生存，需要大量的瀏覽數與點擊數來獲取廣告收益。要怎麼讓一般人瀏覽網站時願意點擊新聞，進而看到更多的廣告資訊，最顯而易見的方式就是從標題下手。標題的文字越聳動越能引發我們的注意，這也造成了怎麼下標題比內容更為重要的怪現象，在這種風氣之下，投資人需要更加小心自身的情緒被標題所帶動的情況。

那標題本身真的會有那麼大的差異性嗎？這個答案是肯定的，以現今的生態來看，不單是一堆的電視廣告、新聞消息持續的疲勞轟炸，網路上的新聞資訊、Blog 評論資訊或是財經討論區也是多到快要滿出來了，在這種資訊超載的情況之下，要進行資料的篩選只能靠著標題說明來判斷是否要繼續閱讀下去，而這種簡單直覺性的邏輯也造成了新聞標題聳動化的問題。

筆者曾經用相同內容但是不同標題的方式進行一個小實驗，就是將同一篇文章放在同一個網站但更換標題強度的情況下，觀察點擊率的變化，而結果也證實了標題對於點擊率有著顯著的影響性。

　　將標題分成溫和式標題與聳動式標題兩種類型，結果如表 5-2-5 所示。

　　內容不變僅是更換標題，點擊次數的變化高達 10 倍左右。從這樣的數據結果來看，我們也不要怪媒體為何一天到晚發布聳動標題，但點進去卻一點營養也沒有。在標題顯著影響點擊率的狀況下，「標題殺人」的網路文化暫時是沒有好的解決方式，只要流量與點擊數持續對網站獲利模式有幫助，標題文化會持續出現在網站之中。

　　其實就實際而言，媒體並沒有扭曲內文與數字，只是在簡化標題過程中加入刺激點擊的因子，可能是聳動化標題、也有可能是疑問式標題、或

表 5-2-5：溫和式標題與聳動式標題網站點擊數比較

項目	溫和式標題	聳動式標題	差異倍數
網站一	327	2,847	8.71
網站二	265	1,988	7.50
網站三	366	4,557	12.45
點擊數累計	958	9,392	9.80

備考：測試時間 1 週，文章投入 3 個網站內之總點擊數字

資料來源：股魚整理

是近年常出現的未完成句式的標題（如：「這件事情的背後真正的受害人原來是他」，這樣的標題沒點擊進去，根本看不出來那個人到底是誰，而你點擊進去後就達成他的目的）。

●●● 不同來源的景氣燈號訊息寫法也不同

景氣燈號的訊息，基本上算是很中性的內容，並不帶有任何色彩，但媒體就是能弄不一樣的花樣。舉例來說，有則關於景氣燈號發布的內容如下：

12 月製造業景氣信號分數較 11 月下滑 0.07 分，下降至 9.72 點，這也是自去年 3 月起，連續第 10 個月藍燈。今年的產業表現雖然優於去年，但經濟回溫腳步仍緩慢，預計全年製造業將呈現黃藍燈。

但在媒體平台上標題的花樣就頗多，我們將同一時期各家媒體對同一內文下不同標題的狀況整理如表 5-2-6。

至於哪一個平台的點擊率最佳，相信讀者自有判斷，但我們仍是告訴各位，不要被媒體的標題帶動個人的投資情緒。投資需要的是理性判斷與數字的指引，若僅是看著媒體的標題資訊就決定投資與否，那麼你的投資決策模式就與失去判斷的旅鼠無異，就算前方是個懸崖你也一樣照跳不誤，根本也不去判斷這個決定是對是錯。

ETF 0050 投資技巧所關注的重點在於數字與燈號處於哪個顏色，至於標題不是我們關心的重點，在瞭解完每則新聞的內文後，標題的事就忘了它吧！

表 5-2-6：同一時期各家媒體對同一內文下不同標題

標題所營造的心理效果			
項次	短評	標題	閱聽感覺
1	極度樂天的中央社	連 8 月黃藍燈 景氣力爭上游	積極進取
2	溫和中立的東森	景氣「連八」黃藍燈 復甦牛步創紀錄	平和
3	質疑中帶有不滿的 ETtoday	連 8 黃藍燈 說好的景氣復甦呢？	質疑、不滿
4	預測下一步變化的 Nownews	又要變 Blue ？4 月景氣 分數續減，差 1 分將陷入 低迷藍燈區間	猜測
5	加重事實語氣的中時電子	黃藍燈連 8 月 景氣逼近衰退	加強、恐懼
6	語帶驚訝的自由時報	景氣連 8 黃藍燈 差 1 點悶成藍燈	驚訝、恐懼

資料來源：股魚整理

5-3 看燈號就等於是看大盤

　　景氣燈號、大盤、GDP 與企業經營成績好壞，可說是雞生蛋、蛋生雞的問題，到底是民間消費動能強勁進而帶動獲利提升，讓股價得以一飛沖天，連帶使得大盤指數等指標上升，亦或是強勁的景氣分數讓民眾產生消費信心。這個問題留給經濟學的專家去傷腦筋就好，我們關心的地方僅在於兩個是否可作為互相觀察的對象。

　　就多數時候而言，並不會有專業機構跑出來跟我們說未來的大盤走勢狀況，頂多是政府官員遇到特殊事件信心喊話的時候，或是一些民間機構為了促進商品銷售，用樂觀的言詞吸引購買。但景氣指標就不是這麼一回事啦，不論是 GDP 或是景氣燈號，都有專業的政府與民間機構不定時的發布相關訊息，只要沒事打開一下手機或是電腦，就能輕易的接收到這些訊息，想要輕鬆投資並勝過銀行定存報酬，這樣的好康不拿來作為投資的輔助工具，實在太可惜了。

　　為了驗證兩者的關連性，運用數字來對比是必要步驟。投資不要用猜的，要用科學驗證的方式一步一步的證明邏輯與策略是否正確。當驗證回測有機會獲得利潤時，資金投入才有最高的勝算。投資沒有絕對不會輸的方法，但是有高勝率的投資技巧。贏的機率比輸的機率高時，反覆幾次後，資金自然就會慢慢累加，當信心提升後再考慮擴大資金部位。投資是比氣長，能活下來享受財富的才是真贏家，市場中不乏暴起暴落的實例，看他暴起時眾人羨慕不已，暴落時又有什麼人在關注他呢？

●●○ 景氣燈號與指數高低的關連性

　　將景氣燈號與大盤指數的歷年數據結合在一起，可以得到圖 5-3-1 說明。

　　兩者也不意外的呈現同上同下的關連性，除了在 2006 ～ 2007 年間出現異常的反向走勢，其餘大致出現關連的規律性。而將景氣燈號的分數往右側標示，能看出景氣燈號出現「紅燈」時的次數不多，一旦觸抵時，沒多久便會反轉向下。藍燈時也有類似的狀況，但是藍燈的時間會維持久一些。

　　我們比較常問的問題是這樣的，當什麼燈號時表示可以買進，什麼燈號可以賣出。燈號合併簡化（紅燈與黃紅燈均視為紅燈－賣出訊號，黃藍

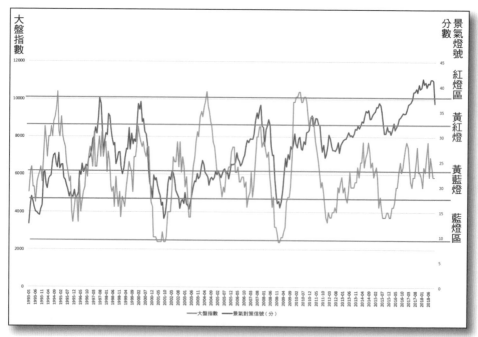

圖 5-3-1：景氣燈號與大盤指數

資料來源：股魚整理

燈與藍燈均視為藍燈－買進訊號）表示，可以簡化成 3 種燈號。只要運用這 3 種燈號指示，可輕鬆對自己下達投資指令。

當然在實務投資還是會有很多其他需關注的問題，像是：

● 何時是谷底低點？還要繼續等待嗎？

● 若投入後持續下跌怎麼辦？

● ××××點看起來還很高啊，明年會不會有更低點出現？

以上這些問題都屬於預測性的問題，這些問題並不會有所謂的正確答案。這就猶如投資朋友遇到個股嚴重虧損時經常第一句話是問：「這檔股票繼續抱著會不會回本？」「你叫我賣掉虧損部分，要是明天漲回來了怎麼辦？」。

這個時候不論誰給建議，結果都是相同的。所需要的並不是什麼建議，而是對方僅是想聽到自己想聽的話而已。想繼續抱著等回本的人，期待你跟他說明天會漲回來，不想賣掉虧損部分的人，期待你叫他繼續抱住不要賣。

若每個人都能知道「必定」會發生什麼事情，那就不需要什麼保險之類的工具來轉嫁風險。而投資也一樣，若我們可以確定現在是不是低點或是高點，那投資就不會這麼吸引人，在市場中曾有段話說：「山頂進場不輸也難，山谷進場想輸也難」，坦白說，這是段廢話。要是我能知道現在是山頂還是山谷，那我在山谷全力押身家，等到山頂出現時全數賣出，投資豈不輕鬆愜意，但實際上有誰能做到呢？

大致上，大盤指數的變化預測都是不準的，隨時可能因一個消息面的變化產生激烈變動，例如 2018 年初，市場普遍預測 Apple 最新手機推出後，會因為滿載各樣最新功能而大受歡迎，其不論是頂規版或一般版的智

慧型手機規劃更是人人看好，當時供應鏈的廠家哪個不是股價持續往上。但當新機發布，市場反應陸續傳回，發現銷售不如預期，蘋概股立即陷入寒冬之中，產能縮減、人力縮編等消息紛紛傳出，股價也因此回檔重挫。樂觀與悲觀的轉變不過是一個月左右的時間，這僅是一個產業的縮影，由此可以看出要準確預估的難度有多高。

在投資過程中，所追求的是相對的準確與較高的投資勝率。將投資比喻成棒球比賽的話，要擊出安打只有球進入好球帶的時候機率最高，但並不是進入好球帶時揮棒就一定會出現安打，出現界外球或接殺也是兵家常事。不管如何，怎麼看出好球帶很重要，好球帶判斷越準確，揮棒打出安打的機率也就會大幅增加。

將揮棒視為是將資金投入到市場的話，那麼景氣燈號就是好球帶的判斷。表 5-3-1 為整理 2003 ～ 2017 年景氣燈號與相對高低點的變化狀況。

從表中可以看出，整個景氣燈號與指數相對高低的關係，除了 2004年、2010 年與 2017 年外，幾乎只要出現黃藍燈和藍燈就幾乎是當年股市低檔位置的燈號。

統計整個機率，黃藍燈以下與指數相對低點有高達 82% 的出現機率，能夠在相對低點投入資金等待景氣回春，幾乎已經站在不敗的位置上。

進一步分析整個機率的分布位置（分析 1993 年 1 月～ 2018 年，10年間共 310 個月分的相對資料），更可以找出最佳的投入時機。

表 5-3-1：2003 ～ 2017 年景氣燈號與相對高低點的變化狀況

年度	高點	景氣分數	低點	景氣分數
2003	5,952	30	4,319	14
2004	6,666	37	5,498	33
2005	6,377	27	5,876	22
2006	7,630	16	6,504	21
2007	9,605	32	7,815	18
2008	8,910	22	4,496	9
2009	7,837	37	4,475	9
2010	8,777	34	7,383	37
2011	8,971	34	7,275	17
2012	8,121	15	7,301	15
2013	8,611	24	7,850	19
2014	9,436	29	8,462	22
2015	9,622	24	8,174	14
2016	9,253	28	8,145	14
2017	10,585	28	9,447	29

資料來源：國發會與證交所

表 5-3-2：景氣燈號與指數位置的相對關係

指數	藍燈	黃藍燈	綠燈	黃紅燈	紅燈	總計	機率
3,000	2	4	1			7	2.3%
4,000	14	9	9			32	10.3%
5,000	14	5	19	6	1	45	14.5%
6,000	4	19	20	7	1	51	16.5%
7,000	12	25	13	5	5	60	19.4%
8,000	10	14	32	6	1	63	20.3%
9,000	2	5	23	4		34	11.0%
10,000		5	9			14	4.5%
11,000		2	2			4	1.3%
總計	58	88	128	28	8	310	100%
機率	18.7%	28.4%	41.3%	9.0%	2.6%	100%	

資料來源：股魚整理

從表 5-3-2 所統計的 310 個月分景氣燈號與指數的位置得知，在整個統計機率中，出現藍燈的機率僅佔總循環的 18.7%，而紅燈的機率更僅僅是 2.6%。這告訴我們，過熱的景氣燈號根本無法持久，而出現紅燈時也告訴我們當年度的相對高點已經浮現。雖說「高點買進想贏也難」，但此時卻是最佳賣出部位以持盈保泰的最佳時機。

從不同的表格數據交叉比對中得知一個簡單的結論，極端的好景氣與壞景氣都不是常態的一種現象，真正的常態現象是景氣大多維持在黃藍燈與綠燈之間，而其間又以綠燈為主要大宗。想要有最佳報酬率表現，在非常態的藍燈投入並在非常態的紅燈賣出，顯然有最佳的獲利報酬率。

我們很快的將兩個表格的重點整理如下：

1. 出現藍燈時，經常是當年度的相對低點
2. 藍燈佔整個景氣燈號循環的 18.7%

從上述兩個推論得知，藍燈出現的時候必然是最佳的買進時機。

而黃藍燈、綠燈兩者相加趨近於 70%，這表示市場絕大多數的時候都在這兩個區間中移動，而綠燈更是佔了 41.3%。想獲取最佳報酬率表現，藍燈是最佳的選擇，黃藍燈則是次之。而經歷過市場的多年洗禮，投資人也可以想想，當景氣出現藍燈時是否也經常伴隨著股票市場的低迷表現，想通這件事情，就能理解為何景氣燈號能作為投資的重要依據。

●● 多空想法的轉折也不過是千點之間

2018 年，台灣股票市場經歷了一些紛擾，像是選舉造成的族群撕裂或大國間的貿易戰，無一不是重重的打擊投資人對於股市的信心程度。這

部分也反應在景氣燈號上，從預期的黃紅燈不一會兒又緩步降為綠燈，最終又再度亮起象徵衰退警示的黃藍燈，而通常此時也是 ETF 0050 投入的大好時間。

在這過程中也可以發現，投資朋友對於「投資時機」的這件事情，有多麼的在意指數的高低，而不是基於事實與數據。以下則是將 2012 年至 2013 年（以 2013 年間為例，但其實不論哪一年，只有指數數字高低的差異，心態倒是沒多大的改變）間曾收到的一些訊息做整理。

我將它分為四種指數位置關係，依據發生的先後來讓各位瞭解，在這些時候想法是怎麼轉變的。

第一階段：2012 年 4 月至 2012 年 6 月

- 市場狀況：靠近 7,500 點，燈號轉為藍燈。
- 筆者反應：開始提醒可以準備投入 ETF。
- 網友反應：現在還不是投入 ETF 的時間點，至少要等到 6,000 點出現時。

問答集：

- 筆者：為什麼要等到 6,000 點？
- 網友：過去的低點在 4,000 點，其實 6,000 點還太高。若 4,000 點再度出現時要去貸款全壓。

（PS：我相信若 4,000 點出現時，該名網友會繼續等待 3,000 點的出現而不是行動。）

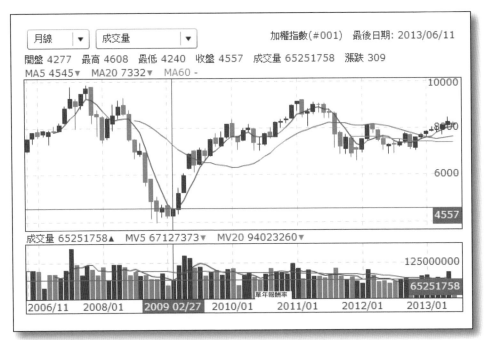

圖 5-3-2：在金融風暴期間，指數的最低點曾經跌破 4,000

資料來源：股魚整理

第二階段：2012 年 6 月至 2013 年 2 月

● 市場狀況：跌破 7,000 點，交易量萎縮到 700 億以下，藍燈。

● 筆者反應：可繼續加碼買進。

● 網友反應：早跟你說會繼續探底，現在不是買進的時候，我看大概很快
  就會到 5,000 點。

第三階段：2013 年 2 月至 2013 年 12 月

● 市場狀況：指數上升 8,000 點，黃藍燈，市場氣氛轉趨樂觀。

● 筆者反應：前期 ETF 投入獲利率已達 10% 以上，繼續等賣出訊號出現。

● 網友反應：現在還來不來得及投入 ETF 投資？

問答集:

- 筆者:最好的時機點已經過去了,為什麼這時候才想投入 ETF 投資?

- 網友:我看股市應該會繼續上漲,ETF 投資法看起來簡單。想跟你確認這時候投入還會不會獲利?

(PS:投資有風險,只有騙子跟神才會確定明天會不會獲利。很顯然,前者比較容易遇見。)

第四階段:2013 年 12 月

- 市場狀況:指數接近 8,400 點,交易量偶爾會出現 900 億以上的成交量。綠燈。

- 筆者反應:賣出訊號未出現,繼續等待。

- 網友反應:你對放空有沒有研究? ETF 與個股應該要怎麼放空?

問答集:

- 筆者:為什麼想放空?

- 網友:目前的股市指數已經太高了,做多沒有利潤,放空才可以獲利。

  (PS:高低點都是事後才知道的,當下對高低的感覺都是個人心理期望的結果。)

　　在該事件的 2013 年整個時間軸可看成:

- 7,000 點以下:**越看越悲觀**

- 7,000 ～ 8,000 點之間:**觀望、懷疑**

- 8,000 點以上:**轉趨正面樂觀,開始想追高**

- 8,500 點:**認為是高點**

　　這個歷程所有人應該都有經歷過，所以請回頭來想想。現在對於股市的高低看法是基於什麼原則產生？是基於情緒還是基於特定數字？

　　基於情緒者大抵上仍深受消息面影響，並不是基於自己的看法。要承認自己有這個毛病並不容易，這就得靠自己去想辦法克服。筆者常跟學員說：「投資到最後是心理學的戰場」，僅擁有自己看法的人得以存活。想法隨市場轉動者，終會淹沒在股海茫茫之中。

　　筆者並不預設也不猜測高低點位置，一切只看數字的變化。人並不會在複雜中找到方向，只會在眾多的消息中迷失自我。就實際而言，多數的投資人都非專職人員，不可能同時間去關注與收集眾多面向的變化趨勢。而股市榮枯、景氣變化、產業輪動，這所有的面向結果最終都是濃縮在數字結果上。企業經營最終的結果反應在財報數字上，景氣榮枯變化最終反應在景氣燈號與 GDP 上。將目光焦點放在數字判讀上，並減少消息面接觸與看盤的時間，對多數人而言才是最好的選擇。

Ch 6

藍燈買、綠燈觀望、紅燈賣！
投資就是這麼簡單

6-1 由鐘型曲線看出投資時機

要逆著人性投資真不是件容易的事情。當一群人往右轉時，你堅持要往左轉，必定會招惹來一堆冷言冷語，像是這個時候就很多人會跳出來告訴你，為什麼大家一起走的方向才是正確的，你現在往那邊走很危險之類的。

在市場中並不乏有許多建議，但「人多」與「正確」並不盡然劃上等號，也有人說：「人多的地方不要去，可能會有一群傻瓜在那邊」，投資在證券市場與企業開拓新市場的道理很接近。當某個市場很火熱，每個人都能談上個兩句時，你最好是在沒人發現時，就已經在裡面默默的賺錢，否則等你後來才發現想進去撈金，難度就高了。

古有范蠡根據目前市場的供需關係來判斷價格的漲跌關係，他發現價格漲幅會有個極限，即貴到極點後就會下跌，賤到極點後就會上漲，出現「一貴一賤，極而復反」的規律。

這就跟股票市場的規律一樣，當股價與指數漲到最高點時，再也沒有資金可以投入助漲價格，便會迅速的下跌；當股價棄如敝屣，開始出現大量買進，便會推升股價。而從商品的角度切入，也符合現代商品的漲跌狀況。因為一種商品價格上漲有利可圖時，會刺激人們大量生產，後產生供

過於求的狀況，這就為價格下跌提供了絕佳條件。相反的，如果價格太低
導致無利可圖時，人們就不願生產，此時市場轉為供需不平衡，市場的貨
物減少，供應又為價格上漲創造了條件。

◉◉ 2018 年 BitCoin（比特幣）礦機價格的起落

　　Bitcoin 是 2017 ～ 2018 年間最熱門的投資標的，不論是交易方面或
是衍生礦機算力的爭霸戰，都是年度的熱門話題。從上面的價格趨勢圖來
看，Bitconin 在 2017 年間整個價格受到極大追捧，從不到 2,000 的價格一
路飆升到接近 20,000 的歷史天價。

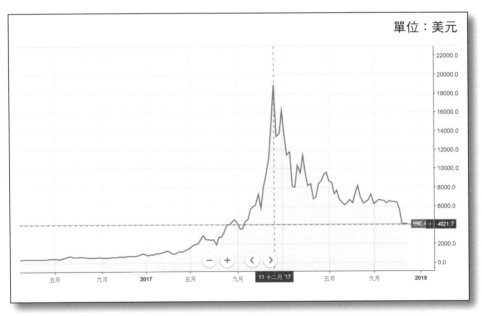

圖 6-1-1：2016 至 2018 年 BTCUSD 加密貨幣價格變動

資料來源：tw.tradingview.com

該貨幣的本質上並非實體貨幣，也沒有明確的價值，僅是單純的加密貨幣。加密貨幣的故事，讀者有興趣可以自行找資料來看，其本質上就是一連串的數字組合，你也可以當它是一種金融的衍生物。加密貨幣以去中心化為號召，吸引許多軟體技術狂熱分子紛紛加入，價格不高時並沒有引起太多注意，甚至於有人懷疑這玩意是否可以在實體世界中購物。

但隨著一連串的報導，其受到注目的程度提高。而該貨幣取得方式是透過計算機進行軟體加密題目的演算，破解題目後可以獲得一定比例的虛擬幣作為報酬，整個過程有點類似礦工在礦坑中挖礦的概念，市場上也將投入在比特幣挖礦的人稱之為礦工。

因為採礦過程並不需要人持續投入，只要以一台電腦與持續不間斷的電力供應，就可以隨著時間取得虛擬貨幣。故當時有越來越多的礦工加入挖礦的行列，媒體也紛紛加入報導挖礦的美好故事，進一步吸引更多人加入。以那時估算採礦的成本約為 6,000 美元，而最高點的價位接近 20,000 美元。許多人普遍認為，當開採成本與售價有足夠的利差，又不用真的投入工作，只要放著就可以輕鬆獲利了。報導中，一個又一個成功的礦工故事真是激勵人心，他行我也行，隨著貨幣數量越來越少（該虛擬貨幣有總額限制），持有者惜售進而推升了價格。價格越推越高，也將整個熱潮推到最高點。

就如同每個高點的故事一樣，追捧的過程中沒人注意到該貨幣的價格並沒有任何實質的價值支撐，或者應該是說就算有人注意到了，但想到可以大賺錢，什麼風險管理之類的警語就通通拋諸腦後。幣值越墊越高之際，原本團結的技術社群成員發現，只要用類似的演算創立一個新貨幣就有人會付錢買單，紛紛成立其他的加密貨幣（比特現金、萊特幣等）來謀取利益，而此時虛擬貨幣交易所又在此時傳出被駭客破解侵入，導致數

十億元的損失，各地政府的監管單位發現苗頭不對也加強介入管制，並發表不承認虛擬貨幣具備價值的言論。

此後，價格不斷地下跌，人們爭相拋售只求盡速換取現金，從高點摔落到 4,000 以下，整個時間不到一年。看它潮起也看它潮落，從無名到追捧，從追捧到人氣潰散，真可說是來得快去得也快。這也印證了上述的供需關係，推升價格變化的論點，而礦機的部分與虛擬貨幣的狀況相同，當熱潮時一機難求，人們必須出較高的價格來買進，熱潮退後要賣也賣不掉。

挖礦機製造商吃土 賣一台虧一台
2018 年 12 月 04 日 04:10 旺報

比特幣價格最近出現「跳崖式」下跌，隨著比特幣大跌，過去礦機一機難求的盛況早已不再，不僅一眾投資人慘賠，就連比特幣的挖礦機製造商也跟著「吃土」。據了解，大陸的比特幣礦機銷售重鎮——廣東深圳華強北商業區，當地部分型號的礦機已經從最熱時的每台 2 萬元（人民幣，下同）暴跌至 1,600 元，當地經銷商賣一台虧一台，有業者甚至指出，現在只求「割肉停損」，礦機已經賣得「沒有欲望、沒有感覺」了。

資料來源：旺報

上面的報導也反映這樣的現況。當需求大幅下降，價格必然滑落；當需求大幅增加，價格必然上升。但請記住你所買的東西還是一樣的，並沒有因為價格變化使得所購入的對象物本質有所改變。

另外一個角度來說，若投資人認為買礦機挖礦仍是有潛力的行為，想想看，一台礦機本來售價是 20,000，現在熱潮退去，只需要 1,600 便可購入，20,000 與 1,600 的礦機除價格外，在型號與算力上並沒有不同，那此時不正是購買礦機的最佳時刻嗎？（前提是虛擬貨幣仍具有一定程度價值，且投資人對該項物品有信心）

●○○ 景氣的鐘型現象

市場的熱絡強度影響價格變化，越多人追逐價格越高，以反應供需狀況。你可以把它視為是一種參與強度的現象，當眾人離場價格必然滑落。我們找到最佳的市場介入點，那麼判斷何時是眾人離場便很重要。

在開始討論之前，先來了解一下什麼是鐘型曲線，該曲線另一個說法又稱為常態、高斯分布。常態分布（normal distribution）又名高斯分布（Gaussian distribution），是一個常見的連續機率分布的結果，該結果在統計學上有十分重要的意義，經常用在表達各種區間的分布狀況，且經過驗證各種行為模式，均會產生類似的結果，我們也可以將該行為用於投資策略的制訂上。

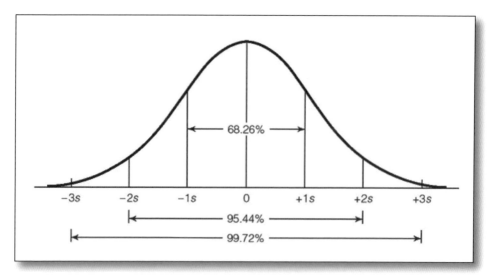

圖 6-1-2：鐘型曲線

圖 6-1-2 是個標準常態分布圖，又稱為鐘型曲線，主要是因為該圖形與鐘形狀相似故而得名。該圖表達在理想環境下，任何事物均依循該圖機率分布狀況而存在。聽到這邊可能有人開始頭痛了，想說學個投資還要牽扯到統計學的原理。

用個簡單的說法來解釋這圖是如何應用在生活上的統計行為，舉例來說，像是門框設計，該設計在多高的位置才能讓多數人通過，又能達到最佳的成本效益？假設人口的身高統計如圖 6-1-3，其統計結果必然呈現常態分布的樣貌，其中身高落在 170 公分的佔了 50%，其餘如圖 6-1-3 資料。

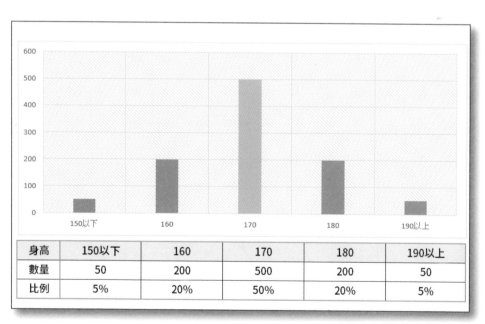

身高	150以下	160	170	180	190以上
數量	50	200	500	200	50
比例	5%	20%	50%	20%	5%

圖 6-1-3：假設的人口身高統計圖表

資料來源：股魚整理

那門的高度要怎麼決定呢？以該圖為例，將高度設計在 175 公分，可讓 75% 的人順利通過；當門高設計在 185 公分的時候，可通過的比例提高到 95%。當設計師看到這樣的數據時，門高超過 190 公分以上只能增加 5% 比例，但成本會持續增加，顯得沒有多大的意義。門高度設計到 200 公分以上就與通過率沒關係了，純粹是設計美感需求的問題。在圖 6-1-3 中，也可以看到兩側會出現極端值，表示該現象存在但是比例不高。

在實際上的常態分布狀況會複雜一些，可能會有標準的鐘型也有偏移型的鐘型，但無論如何，其形狀上大抵都呈現中間高比例，兩側低比例的現象。而這樣的現象在股票市場中也是一樣的，在多數時候股市呈現溫和上下波動，遇到異常事件時（例如金融風暴）市場呈現低迷，但隨後不久又恢復到原來的走勢之中。其實之前所述的比特幣價格飆升與滑落，其圖形也與鐘型分布相似。

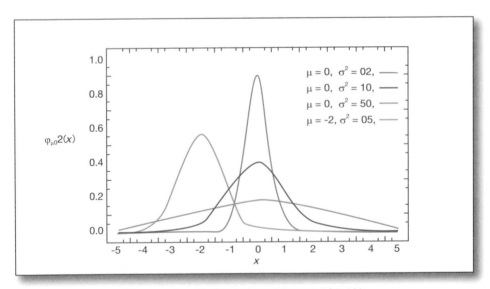

圖 6-1-4：各種不同的鐘型曲線型態

資料來源：網路 –

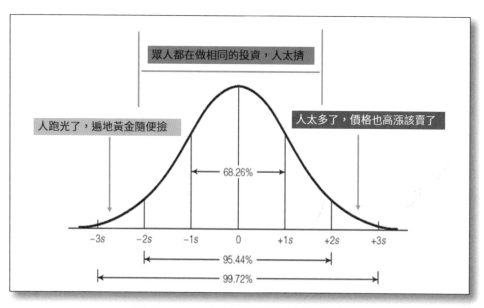

眾人都在做相同的投資，人太擠

人跑光了，遍地黃金隨便撿

人太多了，價格也高漲該賣了

68.26%

-3s   -2s   -1s   0   +1s   +2s   +3s

95.44%

99.72%

圖 6-1-5：市場投資的鐘型分布

資料來源：股魚整理

　　透過概要的說明我們可以理解到，不論是日常生活或是證券市場的各項統計數據，最終都會出現鐘型分布的狀況。我們也可以想見一個問題，要是我們的投資行為是出現在鐘型曲線的中間時，那就表示我們的行為與眾人的行為並沒有什麼兩樣。而跟著眾人走想要獲得超額利潤的難度太高了，唯有與眾人反著做（在鐘型曲線的最左或最右側），方能獲得最佳報酬。

●●● 景氣燈號的鐘型分布

　　只要有統計行為就會產生鐘型分布，景氣燈號也是一樣的狀況。將310 個月分的統計資料放在一起看，綠燈是主要的比例，佔了 41.3%，其次是黃藍燈，佔了 28.4%，將中間左右兩側累加起來，其數值為 78.7%，符合鐘型分布與 80/20 法則。

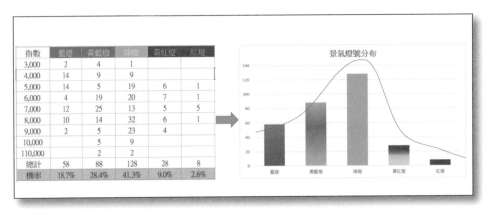

指數	藍燈	黃藍燈	綠燈	黃紅燈	紅燈
3,000	2	4	1		
4,000	14	9	9		
5,000	14	5	19	6	1
6,000	4	19	20	7	1
7,000	12	25	13	5	5
8,000	10	14	32	6	1
9,000	2	5	23	4	
10,000		5	9		
110,000		2	2		
總計	58	88	128	28	8
機率	18.7%	28.4%	41.3%	9.0%	2.6%

圖 6-1-6：景氣燈號的鐘型分布

資料來源：股魚整理

　　這表示絕大部分的景氣訊號都出現在黃藍燈、綠燈與黃紅燈這三個區間。

　　就實務上來說，出現藍燈與黃紅燈的機率都不高，這兩個燈號就是我們的規劃 ETF 005 投資策略的重點。

　　從鐘型曲線的理論來看，買在極端位置觸抵的時間短、修正的速度快，這點從藍燈與黃紅燈的出現機率也可以看得出來。以 2018 年下半年的景氣燈號多在黃藍燈與綠燈之間徘徊，表示這是一個常態偏左的位置。若估計市場近期會有利空的話，就應該維持等待加碼的狀況，因為這時容易一點風吹草動就讓藍燈出現。就以標準差的概念來說，若投資人在藍燈時進場買進，將約略是個相對低檔的位置，也就是所謂再繼續下檔空間有限，上漲空間無限的情況。所以投資人不應該隨意錯過藍燈的大好機會。

●●●買進的區間分數越低越好

若進一步看藍燈的構成數字為 16 ～ 9 的區間範圍，初次碰到大多是落 16 ～ 14 的範圍內，投資人可參考數字是否繼續往下發展，來考慮是否大膽加碼。基本上的藍燈已經屬於一個「很難輸」的位置，就算再出現重大利空導致台股指數持續重挫，更應該是繼續加碼買進。

從歷史的角度來看，股市重挫後經過一段時間修正（1 ～ 3 年）通常會回到本來的指數位置。以 2008 年的金融風暴來看，重新站回 8,800 點花了約 3 年的時間，其實中間有數度突破 8,000 點的位置，更何況 3 年前的 8,800 點與 3 年後的 8,800 點根本就不等值，而風暴當時也是浮現景氣藍燈的時候（參考圖 6-1-7 標示）。

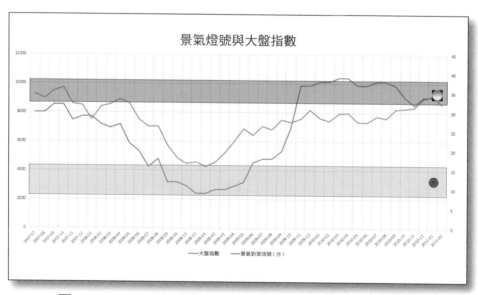

圖 6-1-7：2008 年金融風暴期間景氣燈號與大盤指數

資料來源：股魚整理

在每次股市下跌的過程中，總是有很多人悲觀的認為，指數會繼續下挫直到所有人絕望為止，這只是由情緒所帶動的結果。投資人應該要有一個長線的概念，運用輔助指標來協助自己判定現在所處的位置是在山頂還是山谷，運用數字與景氣燈號是個很好的作法。否則在低點的時候畏懼不前，錯過低檔加碼擴大部位的好時機，卻在高點跟著熱絡的氣氛勇敢追高，很容易陷入賠錢的循環當中。

就算是在藍燈時買進股價卻繼續下跌，只要認定現在是個谷底位置持續加碼買進，在下跌有限上漲無限的條件上，回本獲利只是時間問題，但前提是你要買在相對谷底的位置，才有這樣的效果。從 2008 年金融風暴的線圖來看，你若是在一開始碰觸藍燈時就買進，仍會遭遇到半年以上持續下挫的情況（從 5,900 點繼續下挫至 4,000 點）。筆者曾經歷過那段股市黑暗的時期，坦白說，若不是藉由輔助指標的判斷確認當時已經是相對谷底位置，才有辦法說服自己繼續執行買進的策略。不然以那時整個悲觀情緒，證券商每家都門可羅雀的狀況，連買股都需要勇氣。

而當時支撐的力量便是數字所指出的投資方向，情感的東西容易被周遭的事物所感染，導致做出錯誤的決定。數字不帶任何感情，只依據事先所設定的模式套用後執行，就如同外資券商的程式交易一般，市場的情緒起伏對程式本身沒有任何關連性，只有數字抵達時判斷是否執行而已。

關於投資，若心中沒有一把尺、一個依據、一種可遵循的判斷策略，很容易就會被消息面所影響，其實只要在相對低的位置進場，搭配跟景氣連動的 ETF 0050 作為買進標的，不用選股就可以憑藉著景氣循環的自然規律獲得超額報酬。

6-2 投資效果的實戰紀錄

在投入職場之前，筆者對於工作充滿了許多想像，像是高度專業的形象、現場指揮之類的。實際進入職場後發現根本不是這麼一回事，更多的時候根本就是趴在桌子上補眠。

年輕剛退伍之際，很幸運的進入科技大廠工作。那時是個還有員工分紅配股的時候，在校求學階段許多學長姐返校指導，紛紛告訴我們分紅配股的美好，希望我們有朝一日也能跟他們一樣，接受職場的洗禮，領到上市櫃公司的分紅獎勵。每次聽完幾乎都是留著口水，巴不得自己明天就能跑去上班。

好不容易度過兩年的兵役磨練，終於如願進入科技大廠中，加入分紅配股大軍的一員。這也是幻想破滅的開始，筆者一開始的工作每天都需要進入無塵室內工作，經常是早上進去除了吃飯與開會外，幾乎都待在裡面出不來。那段時間幾乎看不到什麼叫夕陽，每天回家都是深更半夜，家人幾乎都睡著了。一大早出門，深更半夜回家，家人跟陌生人沒兩樣，只在假日才能醒著看到對方，談上個幾句。

為了那令人流口水的分紅配股，再怎樣都得撐住才行。園區內的老工程師常說：「只要拼個 10 年就可以退休，另外找份自己感興趣的工作」，這給了像我們這種年輕工程師一個美好的願景。

不過人生不見得總是這麼如預期規劃的順利，有計畫就會有變數。在 2008 年開始實施分紅費用化後，整個獎勵機制變調，「做 10 年拼提早退休」的夢想因此從許多人的清單中被刪除。當然影響所及整個上市櫃公司通通受到波及，因為公司再也無法運用這種激勵制度要求員工不求回報的

超時加班（現在當然是違法的，在當時卻是一種很普遍的現象），少了超額誘因，對公司的管理生態也起了很大的變化。

對筆者來說，其實更重要的一件事情是進到職場後才發現，原來在公司內進到無塵室後，除了公司分機外，是無法與外界聯繫的，如此一來，就沒辦法下單買賣股票了。

在 2018 年的現在比較難想像，那時是個連智慧手機都沒有的年代。公司電腦當然是不能安裝下單軟體，又沒智慧手機安裝 APP 可以用，只剩下直接打電話給營業員的手段。想想看嘛，誰會那麼白目用公司的分機打電話給營業員下單，萬一被扣上用公司資源做私人事務的帽子，那可是得不償失的。

●● 不看盤投資法的研究起源

常有人問我，為什麼我將投資的方法定位成「不看盤投資術」，這其實就跟當時的工作環境有關。要在那種工作條件下繼續進行投資，很顯然的，只能想辦法找出既不用盯著線型看又能繼續進行投資的方法，這也就是「不看盤投資術」的起始由來。

很多時候，方法都是因應環境所創造出來的，我當時也不例外。既然看線型要持續盯盤在條件上不可行，那就改為採用其他不需盯盤的投資技巧，像是財報的長線投資、殖利率傻瓜投資法、PE／市值投資法等，都是那時深入研究的對象，而景氣燈號投資自然也是其中之一。

但奈何一開始要用景氣燈號投資法時，前提是需要找到與大盤有強烈連動的標的。以國外為例，有指數型基金可作為投資標的，但在台灣卻沒有適合的對象，要自己建立連動組合，對當時的我而言實在難以達成。更何況每檔個股的相對係數又不一樣，持續的監測調整並不容易。

　　2003 年 6 月寶來證券推出台灣第一檔 ETF 0050，規劃以大盤市值最高的前 50 檔作為主要標的，並仿造加權指數的比例規劃，儘可能達到與大盤連動，這樣的商品正好完全符合景氣燈號投資法的需求，也因此開啟了運用景氣燈號投資法的契機。

●●○ 不需要選股的景氣燈號投資法進出原則

　　景氣燈號投資法的進出原則非常簡單：

● 標的物：ETF 0050

● 買進策略：藍進（連二藍更佳）

● 賣出策略：紅出（因出現紅燈的機率過於偏低，為避免持股時間過程修正為黃紅燈，出現連二黃紅燈賣出更佳）

　　當發現出現藍燈時，便進行分批買進的動作；當出現黃紅燈時，進行分批賣出的動作，這樣的作法簡單到跟沒投資技巧差不多。

　　怎麼說呢？投資人可以想一下，景氣燈號是沒辦法控制的，且只要打開媒體報章就能自然接收到該訊息。當接收到報導藍燈消息時就開始買，相反的，收到黃紅燈時就開始賣。不論是買進或是賣出的邏輯都有了，也就不需要選股，只要買進代表大盤的 ETF 0050 就行了。

　　不用選股只看燈號表示幾件事情：

1. 個股消息與我們無關，不會受到太多消息面的干擾。

2. ETF 0050 交易量龐大，無法被操弄，沒有被主力操作的問題。

3. 燈號由政府機關發布，無法被私人機構控制。

4. 藍燈經常是大盤的相對低點（谷底），谷底進場上漲機率遠高於繼續下跌機率。

●●● 除新聞外，如何查景氣燈號

我們一般都會將複雜度與高報酬連結在一起，認為越複雜的方法才能獲得高額的報酬，而許多投資公司確實也這樣教育投資人。因為投資太複雜，需要高度專業，所以要交給專業的機構來處理。

但實務上，ETF 0050 的報酬率就貼近大盤的報酬率。若有專業機構的操作績效也不保證一定超越 ETF 0050 時，那麼將資金交給專業機構的意義並不大，倒不如透過簡單的操作方法自己來就好。

首先最重要的是找到景氣燈號指標，可以從新聞取得或是直接在國發會的網站中查詢目前狀況。

國發會查詢網站：https://index.ndc.gov.tw//n/zh_tw

或是直接用 Google 輸入關鍵字——「國發會 景氣燈號」。

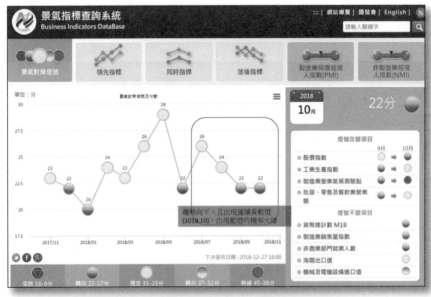

圖 6-2-1：國發會景氣指標查詢系統

資料來源：國發會

可見到如圖 6-2-1 的畫面，所發布的 2018 年 10 月資料已呈現連續性黃藍燈且趨勢向下，後續出現「藍燈」的買進機會大幅增加。只需要利用這個網站就可以輕易查詢目前的狀況，來決定現在是要加碼、觀望還是賣出。

筆者在 2003 年推出 ETF 0050，便持續身體力行的以該策略進行買進賣出的動作。而這樣整體的操作績效會優於單純的長期持有，這道理很簡單；單純的持有不見得在所謂相對低檔的價位中買進，而「藍燈」才買進的策略則是在相對低檔時進場，中間的價位差就是超額報酬所在。讓我們實際來看看從 2003 年至今的操作紀錄。

●●● 2003 ～ 2018 年報酬率實測結果

為了進行 ETF 0050 投資法，筆者湊了身上所有的積蓄，並以個人信貸名義借了筆資金，湊足一般人所稱的「第一桶金」——100 萬，便開始踏入 ETF 0050 的投資之路。

事後回想，借信貸來投資這件事情，其實不是一個很好的範例。就報酬估算的角度來看，似乎很划算，不過這段時間對於報酬率患得患失的狀況更加嚴重。一來是信貸需在 7 年內償還完畢，一開始就必須連同本金開始分月償還，資金的壓力讓人很難不去關注投資部位的變化，如此一來，就失去了用這個方法投資以達成不看盤目的的意義。

所以，後來一領到分紅、年終與績效獎金時，就立即加速償還信貸，足足花了一年半的時間提前還清信貸，自此之後，我再也不信貸來進行投資。希望讀者看到這個錯誤的示範後，不要犯下相同的錯誤。

因一開始投入的時間點在 2003 年 6 月，故將 2003 ～ 2018 年間整個燈號、大盤與 ETF 0050 的價位變化整理如表 6-2-1，供讀者參照。

　　藍色標註的部分表示買進的區間，紅色的部分表示賣出的區間。ETF 0050 推出的時間點在 2003 年 6 月，推出之前已連續兩個月分為藍燈，故最初開始進行該策略時是在黃藍燈的條件下投入，其後便一直以「藍燈買進」的原則來進行。實務進行時，原則是需要動態進行調整的，特別是等很久的時候。

　　筆者並不想給一個太過於理想的投資成果，而是如實的告訴投資人當初實際的投資狀況。在很多時候，原則是可以作適當的調整，筆者與各位一樣脫下公司所賦予的身分後，都只是單純的投資人，雖瞭解許多理論的投資方法，但面對真實的投資戰場還是會恐懼虧損，也會因為一時獲利而竊喜，也會看著部位的漲跌而迷惘。但無論如何，策略不是一成不變的，都必須要隨著投資現況而進行調整。

表 6-2-1：2003 ～ 2018 年間燈號、大盤與 ETF 0050 的價位變化

時間	景氣燈號	大盤指數	ETF 0050	時間	景氣燈號	大盤指數	ETF 0050
2003-06	20	4872.2	37.08	2005-02	23	6207.8	48.63
2003-07	24	5318.34	40.87	2005-03	22	6005.88	46.75
2003-08	26	5650.8	44.92	2005-04	20	5818.1	45.78
2003-09	29	5611.4	44.7	2005-05	18	6011.6	45.51
2003-10	31	6045.1	48	2005-06	20	6241.9	47.49
2003-11	30	5771.8	45	2005-07	19	6312	48.17
2003-12	34	5890.7	45.92	2005-08	23	6033.5	46.7
2004-01	35	6375.4	48.52	2005-09	23	6118.6	47.45
2004-02	34	6750.5	50.55	2005-10	24	5764.3	45.44
2004-03	36	6522.2	48.99	2005-11	24	6203.5	48.79
2004-04	37	6117.8	48.69	2005-12	27	6548.3	51.25
2004-05	39	5977.8	45.35	2006-01	28	6532.2	51.35
2004-06	36	5839.4	44.75	2006-02	28	6561.6	52.4
2004-07	35	5420.6	41.91	2006-03	23	6614	52.8
2004-08	33	5765.5	45.15	2006-04	23	7171.8	56.8
2004-09	32	5845.7	45.6	2006-05	24	6847	53.4
2004-10	29	5705.9	44.72	2006-06	21	6704.4	53.1
2004-11	28	5844.8	45.5	2006-07	21	6454.6	51.4
2004-12	26	6139.7	48.5	2006-08	22	6611.8	54.25
2005-01	23	5994.2	47.09	2006-09	22	6883.1	56.35

（接下頁）

表 6-2-1：2003 ～ 2018 年間燈號、大盤與 ETF 0050 的價位變化（續）

時間	景氣燈號	大盤指數	ETF 0050	時間	景氣燈號	大盤指數	ETF 0050
2006-10	20	7021.3	53.4	2008-06	20	7523.5	55
2006-11	21	7567.72	56.3	2008-07	16	7024.06	52.4
2006-12	16	7823.7	57.75	2008-08	18	7046.1	53.65
2007-01	18	7699.6	56.7	2008-09	12	5719.3	44.6
2007-02	19	7902	57.75	2008-10	12	4870.7	36.54
2007-03	23	7884.4	56.45	2008-11	11	4460.5	32.13
2007-04	18	7875.4	56.9	2008-12	9	4591.2	32.87
2007-05	20	8145	59.75	2009-01	9	4248	30.5
2007-06	25	8883.2	65	2009-02	10	4557.2	33.05
2007-07	30	9287.3	66.3	2009-03	10	5210.8	36.64
2007-08	30	8982.2	65.6	2009-04	11	5992.6	42.15
2007-09	32	9476.5	69.35	2009-05	12	6890.4	48
2007-10	32	9711.4	70.2	2009-06	17	6432.2	44.46
2007-11	28	8586.4	61.8	2009-07	18	7077.7	49.02
2007-12	29	8506.3	61.45	2009-08	18	6826	48.45
2008-01	29	7521.1	54.95	2009-09	20	7509.2	53.3
2008-02	27	8412.8	60.85	2009-10	26	7340.1	51.65
2008-03	26	8572.6	60.45	2009-11	37	7582.2	52.7
2008-04	27	8919.9	63.9	2009-12	37	8188.1	56.45
2008-05	22	8619.1	62.2	2010-01	38	7640.4	53

（接下頁）

表 6-2-1：2003 ～ 2018 年間燈號、大盤與 ETF 0050 的價位變化（續）

時間	景氣燈號	大盤指數	ETF 0050	時間	景氣燈號	大盤指數	ETF 0050
2010-02	38	7436.1	51.55	2011-10	19	7587.7	52.2
2010-03	39	7920.06	54.25	2011-11	16	6904.12	48.08
2010-04	39	8004.3	54.8	2011-12	14	7072.1	49.81
2010-05	37	7374	50.1	2012-01	13	7517.1	51.95
2010-06	37	7329.4	49.55	2012-02	15	8121.4	56
2010-07	38	7760.6	53.9	2012-03	14	7933	54.9
2010-08	38	7616.3	53.3	2012-04	14	7501.7	52.05
2010-09	37	8237.8	57.7	2012-05	15	7301.5	50.15
2010-10	34	8287.1	56	2012-06	15	7296.3	50.2
2010-11	32	8372.5	57.1	2012-07	16	7270.5	51.1
2010-12	34	8972.5	61.4	2012-08	15	7397.1	52.75
2011-01	34	9145.4	63	2012-09	20	7715.2	55.15
2011-02	34	8599.7	59.5	2012-10	19	7166.1	50.4
2011-03	31	8683.3	59.55	2012-11	21	7580.2	53.55
2011-04	29	9007.9	62	2012-12	22	7699.5	53.8
2011-05	27	8988.8	62	2013-01	19	7850	54.6
2011-06	25	8652.6	58.85	2013-02	20	7898	55.2
2011-07	23	8644.2	59.9	2013-03	18	7918.6	55.1
2011-08	20	7741.4	54.55	2013-04	17	8093.7	56.4
2011-09	21	7225.4	51.65	2013-05	19	8254.8	56.95

（接下頁）

表 6-2-1：2003 ～ 2018 年間燈號、大盤與 ETF 0050 的價位變化（續）

時間	景氣燈號	大盤指數	ETF 0050	時間	景氣燈號	大盤指數	ETF 0050
2013-06	23	8062.2	55.1	2015-02	24	9622.1	70.3
2013-07	20	8107.94	56.6	2015-03	22	9586.44	69.05
2013-08	20	8021.9	55.85	2015-04	16	9820.1	71.45
2013-09	20	8173.9	57.15	2015-05	18	9701.1	71.1
2013-10	21	8450.1	57.9	2015-06	16	9323	69.4
2013-11	21	8406.8	57.55	2015-07	14	8665.3	66.15
2013-12	24	8611.5	58.7	2015-08	14	8174.9	62.3
2014-01	22	8462.6	57.6	2015-09	14	8181.2	62.4
2014-02	25	8639.6	58.3	2015-10	15	8554.3	63.2
2014-03	25	8849.3	60.1	2015-11	15	8320.6	61.2
2014-04	29	8791.4	61	2015-12	14	8338.1	60.75
2014-05	24	9075.9	63.1	2016-01	14	8145.2	59.55
2014-06	26	9393.1	65.95	2016-02	16	8411.2	61.25
2014-07	27	9315.9	66.75	2016-03	16	8744.8	64.65
2014-08	29	9436.3	69.2	2016-04	17	8377.9	61.6
2014-09	27	8966.9	65.3	2016-05	20	8535.6	63.15
2014-10	24	8974.8	65.3	2016-06	20	8666.6	65.45
2014-11	25	9187.2	67.5	2016-07	23	8984.4	68.55
2014-12	22	9307.3	66.85	2016-08	25	9068.9	69.4
2015-01	23	9361.9	68	2016-09	23	9166.9	70.95

（接下頁）

表 6-2-1：2003 ～ 2018 年間燈號、大盤與 ETF 0050 的價位變化（續）

時間	景氣燈號	大盤指數	ETF 0050	時間	景氣燈號	大盤指數	ETF 0050
2016-10	24	9290.1	72.6	2018-06	22	10837	81.45
2016-11	26	9240.71	71.7	2018-07	26	11057.51	85.55
2016-12	28	9253.5	71.8	2018-08	24	11064	86.95
2017-01	29	9448	73.3	2018-09	22	11006	86.9
2017-02	28	9750.5	73.15	2018-10	22	9802.1	77.55
2017-03	24	9811.5	73.7				
2017-04	21	9872	74.55				
2017-05	20	10041	76.5				
2017-06	22	10395	80.4				
2017-07	22	10427	81.35				
2017-08	25	10586	82.95				
2017-09	28	10384	81.2				
2017-10	23	10794	85.2				
2017-11	23	10560	82.25				
2017-12	22	10643	82.15				
2018-01	20	11104	84.65				
2018-02	24	10815	82.35				
2018-03	23	10919	82.95				
2018-04	26	10658	80				
2018-05	29	10875	80.75				

資料來源：股魚整理

第一次的景氣燈號投資策略績效：22.35%
（時間：2003 年 6 月 ～ 2004 年 2 月）（持有時間：8 個月）

表 6-2-2：第一次景氣燈號投資策略績效

買進日期	投入金額	1,000,000	賣出日期	賣出價位	48.5
2003.06 至 2003.08	每股平均成本	39.64	2004.01 至 2004.02	賣出金額	1,212,500
	購買張數	25		手續費率	0.1425%
	購買股數	25,000		平台折扣	65%
	購買金額	991,000		手續費	1,123
	手續費率	0.1425%		證交稅	0.30%
	平台折扣	65%		證交稅費用	3,638
	手續費	918		損益	221,500
	現金餘額	8,082		費用支出	4,761
				現金部位剩餘	1,215,822
持有期間	每股配息	0		報酬率	22.35%
	現金股利	0			

資料來源：股魚整理

　　首次開始進行時因為 ETF 0050 發行時已連續兩個月分的（2003 年 4 月：14 分、2003 年 5 月：14）景氣燈號為藍燈，為進行投資測試，便直接將資金投入。

　　經常被關心的問題是，當訊號出現時，資金要一口氣就投入嗎？在多數的狀況下都採用分批投入的方式進行，買進月分代表與主要資金投入的

時段。在實務進行的過程中，賣出前都有持續買入的動作，像是工作之餘的額外收入、獎金等，都是造成持續加碼的原因。

資金的投入模式會因人而異，有以下幾種模式：

1. 訊號出現就一次全部投入。

2. 分成 3 次投入（50、30、20）。

3. 初期投入 50%、其餘資金分成五份。每下跌 10% 就加碼投入一份，上漲則不動。

4. 出現買入訊號後，每個月固定時間分批投入資金，直到賣出訊號出現。

5. 出現買入訊號後投入初期資金，之後有閒置資金就加碼直到賣出。

這部分也不容易硬性規定，就留給投資人思考一個合適自己的方法來執行。以筆者來說，較常使用的方式為 2 與 5 混合使用。

首次的策略執行，資金在 3 個月內全數投入，直到 2004 年 1 月出現賣出訊號。持有時間很短，大概 8 個月左右，報酬率為 22.35%。第一次使用該方法就獲得這樣的成果，讓我對該方法產生極大的信心。

就以同時期來看，投資個股有機會獲得更高的報酬率，不過這就是個假議題。在每次上漲與下跌的過程中，不同個股要找出超越大盤報酬率的比比皆是，但問題就是你不一定剛好有買到，沒買進個股就跟你一點關係都沒有。

這個方法的重點在投資策略的執行成效，標的物排除選股的能力問題，因為只選擇同一檔 ETF（0050），指標只看景氣燈號，不需要理會財務數據的變化。

想要更高的報酬率，在之前章節也提過了。如果要精進 ETF 0050 的報酬率，可採用精選股策略進一步篩選，但我想每個人的時間與能力都不盡相同，投資的意義也不一樣。有些人追逐資產成長，有些人則是有賺就好，與其採用一個相對複雜但可能有更高報酬率的方式，倒不如犧牲一點報酬率，用簡單的投資策略執行會是更理想的做法。

第二次的景氣燈號投資策略績效： 43.76%
（時間：2005 年 5 月～ 2007 年 10 月）（持有時間：29 個月）

表 6-2-3：第二次景氣燈號投資策略績效

買進日期	投入金額	1,215,822	賣出日期	賣出價位	68.3
2005.05 至 2005.07	每股平均成本	47.51	2007.09 至 2007.10	賣出金額	1,707,500
	購買張數	25		手續費率	0.14%
	購買股數	25,000		平台折扣	65%
	購買金額	1,187,750		手續費	1,582
	手續費率	0.14%		證交稅	0.30%
	平台折扣	65%		證交稅費用	5,123
	手續費	1100		損益	519,750
	現金餘額	26,971		費用支出	6,704
				現金部位剩餘	1,827,767
持有期間	每股配息	4		報酬率	43.76%
	現金股利	100,000			

資料來源：股魚整理

　　2005 年主要是遇到大陸市場進行宏觀調控的關係，使得全球股市與景氣發生激烈震盪。當時的大陸是個快速增溫的市場，每年的 GDP 成長率超過 10%。以美國為例，每年 GDP 大概能有 2% 的成長就算是高標了，而台灣以 2018 年為例，頂多是 2% ～ 2.5% 之間。

　　中國大陸幅員廣大、人口眾多，加上超高的 GDP 成長率，各地資金紛紛湧進，帶動大陸經濟建設快速起飛，眾多的企業也雨露均霑。過高的成長率帶來過熱的隱憂，且地方政府不當的進行各項建設時有所聞，為避免泡沫膨脹，大陸官方出手宣布進行宏觀調控。宏觀調控是一種計畫性經濟手段，可能是扶植產業、也可以是削弱產業，在當時是為了防止經濟過熱，而對部分產業與供需進行削弱。

　　在此之前，大陸為因應快速成長，從各地大量進口原物料，造成一波原物料榮景連帶驅動航運業的欣欣向榮。一開始進行調控後，原物料需求下降、航運需求下降、建設需求也下降，全球股市出現降溫動作，台灣的景氣燈號也再次出現表示衰退的黃藍燈號。

　　在前波賣出後到再次出現黃藍燈間隔約 1 年半的時間，因當時的氛圍低迷，燈號分數離正式的藍燈僅 2 分之差，便決定提前分批進場買進，直到 2007 年 9 月開始分批賣出，此次的報酬率達 43.76%。

第三次的景氣燈號投資策略績效： 30.52%
（時間：2008 年 9 月～ 2010 年 1 月）（持有時間：16 個月）

表 6-2-4：第三次景氣燈號投資策略績效

買進日期	投入金額	1,200,000	賣出日期	賣出價位	54.36
2008.09 至 2009.01	每股平均成本	41.65	2009.11 至 2010.01	賣出金額	1,522,080
	購買張數	28		手續費率	0.14%
	購買股數	28,000		平台折扣	65%
	購買金額	1,166,200		手續費	1,410
	手續費率	0.14%		證交稅	0.30%
	平台折扣	65%		證交稅費用	4,566
	手續費	1,080		損益	355,880
	現金餘額	32,720		費用支出	5,976
				現金部位剩餘	1,632,824
持有期間	每股配息	3		報酬率	30.52%
	現金股利	84,000			

資料來源：股魚整理

2008 年全球股票市場都會銘記這段時間，起源於美國次級房貸風暴。當時美國市場將房貸市場依據貸款人的信用狀況，區分為優級、次優級與次級等不同等級，這就跟我們的信用卡風暴有些類似，還款能力好的適用較低的循環利率，還款能力差的則用較高的循環利率。

美國是個金融創新的國家，將所謂的次級房貸包裝為住房抵押貸款（MBS，Mortgage-Backed Securitization）轉售給其他持有者。當貸款者無法償付貸款時，就會出現違約問題。發生違約問題的成因很多，普遍認為是過度消費與二次貸款（類似我們所稱的二胎）加上之前因房價上漲而過度興建的房產大量釋出，造成房價的下跌。

房價下跌所衍生的問題是運用房產再融資出現了困難，使得借款人無力支付貸款的情況日益惡化，陷入惡性循環當中。當貸款人無法支付貸款與利息費用時，其衍生物 MBS 也開始發生違約與貶值的問題，這也讓美國的投資銀行「雷曼兄弟」在這次風暴中倒閉，進而衍生著名的金融風暴。

金融風暴期間各國股市紛紛倒地，台灣自然也不例外。景氣的冷冽情勢就算你不是搞金融的人也感受得到，各大公司傳出人事凍結、遇缺不補等措施，甚至連減薪都列入手段之中。

喔，對了，著名的「無薪假」也是這個時候的產物。許多的工廠因訂單大幅下降，不得不進行各項措施，像是做二休二變成做二休四、員工提前將年假放光，或是直接回家等上班通知、有上班才領錢等，都是那時的真實狀況。我還記得上班的路上車潮消失了一大半，腳踏車倒是因此增加許多。表面上說是為了健康，所以騎腳踏車上班，但我們都心知肚明是為了節省開支，畢竟風暴會持續多久沒人知道，能省則省是當時每位上班族的最高指導原則。

也不意外的，這次藍燈又再次出現。但坦白說，買進的過程手很抖，因為股市每天開盤都幾乎是下跌的，跌到號子裡人氣都潰散了，不誇張，那時營業員比在營業大廳的散戶還多很多。從出現藍燈開始買，雖是相對低點，可是指數仍持續由 6,000 點左右一路繼續下挫到 4,000 點，其中部位也一度出現 30% 的虧損，將前次的獲利大幅吐出。買到有種陷入自我懷疑的狀況，後續雖然有再出現更低的價位買進，但也不敢貿然再持續擴大加碼。

　　後來全球政府協力進行救市動作，美國也進行量化寬鬆政策（QE，Quantitative easing），為搖搖欲墜的金融市場注入大量的資金活水，帶動市場從傷痛中慢慢復原。直到 2009 年底，景氣恢復熱絡與紅燈訊號，迅速出清部位。報酬率雖然一度虧損達 30%，但在景氣由藍燈反彈到紅燈後，反而是以獲利 30.52% 出場。

　　雖然很多人很扼腕在 2008 年靠近 4,000 點時沒能進場，但這些都只是事後諸葛。實際上，在當時冷到令人發寒的景氣與工作隨時不保的狀況下，更多人是選擇遠離股市抱住現金。筆者雖然依靠投資策略判斷買進，但在當時仍不免懷疑自己的決定是否正確，更不要說那些連投資策略都沒有的人。

第四次的景氣燈號投資策略績效： 24.08%
（時間：2011 年 11 月～ 2014 年 8 月）（持有時間：35 個月）

表 6-2-5：第四次景氣燈號投資策略績效

買進日期	投入金額	1,500,000	賣出日期	賣出價位	62.7
2011.11 至 2012.01	每股平均成本	50.53	2014.08 至 2014.09	賣出金額	1,818,300
	購買張數	29		手續費率	0.14%
	購買股數	29,000		平台折扣	65%
	購買金額	1,465,370		手續費	1,684
	手續費率	0.14%		證交稅	0.30%
	平台折扣	65%		證交稅費用	5,455
	手續費	1,357		損益	352,930
	現金餘額	33,273		費用支出	7,139
持有期間	每股配息	3.2		現金部位剩餘	1,937,234
	現金股利	92,800		報酬率	24.08%

資料來源：股魚整理

　　2011 年間的重大經濟事件當屬歐債危機，可將它視為是金融風暴的延伸。2008 年的金融風暴造成全球經濟動盪，雖有 QE 救市的措施，但在歐元區也因此檢視自身所屬國的債務問題，其中法國、希臘、愛爾蘭與西班牙被點名要改善赤字問題。

在 2009 年底希臘承認其債務高達 3,000 億歐元，佔國內生產毛額（GDP）達 113%。當消息揭露後，國際信評機構紛紛下調希臘的債信評等，自此歐債問題浮上抬面，爆發出歐元區的內部矛盾。

國際信評機構是評定債券等級的單位，當一個國家債信評定良好時，國家債券可以用較低的利率發行，反之則需要支付較高的利率。當等級下調時，表示該國家必須提高債券利率來吸引投資人買進，利率越高自然違約的可能性也因此拉升，曾一度標升到 10% 以上。以台灣自身的公債殖利率來看，也不過在 1.1% ～ 1.3% 之間，可想見 10% 的殖利率所反應的該國家所面臨的狀況非常嚴峻。

希臘為減少赤字，採行一連串緊縮措施，外界對葡萄牙、愛爾蘭、希臘、西班牙債臺高築的擔憂逐漸上升。歐盟並要求希臘採取更多撙節措施，而該緊縮計畫在希臘引發街頭罷工和暴動。

可想見在當時，任何消息都是針對歐債危機的問題持續報導，幾乎沒有一天有好消息的，還出現「歐豬四國」這樣的名稱來醜化身陷債務危機的四個主要國家（歐豬四國，簡稱 PIGS。葡萄牙（Portugal）、義大利（Italy）、希臘（Greece）、西班牙（Spain））。

最嚴重時，曾傳出歐元區有解體的可能性。處於這樣重要經濟事件動態的時刻，股票市場與景氣自然也好不到哪裡去。2011 年底藍燈又再一次的連續出現，直到 2014 年景氣逐步好轉，市場消息也陸續發布可能轉為黃紅燈號之際，便開始出脫手中部位。在持有 31 個月的時間內，報酬率為 24.08%。這次因已累積部分報酬且持有時間超過 2 年以上，故在開始出現黃紅燈消息時，便出脫部位。

就事後來看，後面的景氣燈號根本也沒站回黃紅燈，只維持在綠燈偏上緣的狀態。不過，投資最重要的是獲利了結出場，並將現金放回口袋內，就成效來看，仍是一次不錯的投資。

第五次的景氣燈號投資策略績效：截至 2018 年 12 月 5.88%（時間：2015 年 6 月～ 2018 年 12 月）（持有時間：42 個月～迄今）

表 6-2-6：第五次景氣燈號投資策略績效

買進日期	投入金額	2,300,000	賣出日期	賣出價位	75.45
	每股平均成本	71.26		賣出金額	2,338,950
	購買張數	32		手續費率	0.14%
	購買股數	31,000		平台折扣	65%
2015.06 至 2018.12	購買金額	2,209,060	持有至 2018 年 12 月之後至今 (2018.12)	手續費	2,166
	手續費率	0.14%		證交稅	0.30%
	平台折扣	65%		證交稅費用	7,017
	手續費	2,046		損益	129,890
	現金餘額	88,894		費用支出	9,183
				現金部位剩餘	2,671,311
持有期間	每股配息	8.15		報酬率	5.88%
	現金股利	252,650			

資料來源：股魚整理

2015 年間，各國都在密切的關注美國 QE 政策的後續腳步，自金融危機所施行的 QE 政策已歷經多年，消息面上已傳出美國 FED 將收回 QE 的資金，並進行升息的動作。為了救市，美國維持超低利率已經好一段時間，當市場都已經習慣用超低利率進行借貸後，升息將直接造成貸款成本的上升，進而影響資金流動的速度。

可是呢，升息對於美國來說是件大事，需要一點時間醞釀，順便放放風聲看一下市場的反應如何。而美國升息與否，取決於美國經濟是否好轉，劇本常是這樣演的：就在外界普遍認為美國接近升息條件、預估 FED 將會在 ×× 月進行升息，不久美國聯準會公布聯邦公開市場操作委員會（FOMC）於 ×× 月底開會的會議紀錄，被外界解讀為升息機率異動，造成升息時間難測，全球經濟不確定性增加，成了歐美股市大挫的關鍵之一。

股市討厭不確定性的事物，不確定性會引發人們猜測的天性。此時股票市場不僅容易產生暴漲暴跌，也讓景氣受到影響。在這樣的不確定中，又伴隨著國內外的大選活動進行，藍燈又再度出現。

但這次該怎麼投入資金的配置顯得有些困難，主要原因是有兩個不確定性因子都足以改變股市的走向，一個是 FED 升息的動態難以掌握，一下想升一下又緩，一下鷹派當家一下又換成鴿派發聲，局外人的我們霧裡看花、弄不清楚。

另一個因子是大選後的美國總統川普，他是個極不按牌裡出牌的人物，滿滿的商人氣息。他可以在前一天與談判對象翻臉，隔沒兩天又笑臉迎人。而貿易戰的隱憂則是更重要的問題，川普上任後不滿於前政府所訂定的各項貿易協定，認為協定的內容有大幅傷害美國利益的嫌疑，將貿易協定要嘛停擺、要不就退出，使得原成員國只好另尋出路。

　　而其中，與中國的貿易糾紛最為嚴重。該爭端源起於美國總統川普宣布，依據 1974 年貿易法第 301 條對從中國進口的商品徵收關稅，主因是認為中國大陸以市場為要脅，強迫在大陸的外商企業交出技術機密，或強制與大陸企業合資成立共同公司，藉以將技術移轉給大陸企業。對此懲罰中國偷竊美國智慧財產和商業祕密，總涉及商品達 600 億美元。

　　中國大陸也隨後針對美國進口商品予以反制。中美雙方曾一度於 2018 年 5 月達成暫停貿易戰的共識，並發表聯合聲明尋求和解。但美國貿易代表署仍於 6 月時公布關稅追加清單，大陸其後做出對等報復，亦重啟多項產品的反傾銷調查。雙方你來我往的過程中，事實上也發動了迄今為止經濟史上規模最大的貿易戰。

　　整個變化的局勢難以掌握，景氣燈號的呈現也不同於以往。從藍燈緩步走回到綠燈後，就一直呈現進進退退的現象，連經濟的專家學者也無法肯定何時有機會由綠轉為黃紅燈。因此從 2015 年 6 月開始買進後持有至今（2018 年 12 月），其間除了一開始買進的部位外，也持續在不同月分加碼買進。

　　截至寫稿為止，第五次執行策略的時間已達 42 個月，但何時會出現賣出的黃紅燈訊號，仍在等待中。而在 2018 年開始貿易衝突後，專家學者普遍認為真正發酵時間點在 2019 年，甚至有傳出 2019 年的貿易戰衍生的風暴將不下於 2008 年的金融危機。

　　若該評估為真，那大概最快也要 2020 年才有賣出的訊號出現。也許到時有機會可以跟各位讀者談談，第五次實戰的結果與心得分享。

●○ ETF 0050 燈號策略的年複合報酬率

筆者將五次的紀錄統整如下：

表 6-2-7：股魚的 5 次景氣燈號投資紀錄

項目	第一次	第二次	第三次	第四次	第五次
投入金額	1,000,000	1,215,822	1,200,000	1,500,000	2,300,000
損益金額	221,500	519,750	355,880	352,930	129,890
持有時間	8 個月	29 個月	16 個月	35 個月	42 個月
報酬率	22.35%	43.76%	30.52%	24.08%	5.88%
備註					截至 2018.12（仍持續中）

資料來源：股魚整理

單從每次的進出紀錄來看，報酬率還頗令人滿意，但投資評估績效的方式多以年複合報酬率來表達。故我們假設帳戶鎖定，每次投入金額都是將前次投資的餘額全數投入。

則在 2003 年 6 月投入的 100 萬資金，到了執行第四次賣出後的終值金額將達 323 萬，而從第一次投入到第四次賣出中間共持有 9.75 年。在這樣的條件下，可換算出該策略實際達成的年複合報酬率達 12.78%。

整理一下兩種 ETF 0050 投資法的報酬率變化：

● 純長期持有：年複合報酬率 7.98%

● 景氣燈號進出：年複合報酬率 12.78%

只要看一看燈號擬定買進賣出策略，就可以將報酬率由 7.98% 再進一步提高到 12.78%，想想這真是一件很划算的事情。

6-3 股市萬點還能繼續買嗎？

　　從 2018 年初至今，整體台股加權指數大多持續維持在萬點以上，以致於有「萬點新常態」的說法出現。就 2018 年 1 月 1 日至 2018 年 11 月 7 日統計數字來看，確實大多數的時間都維持在 10,000 ～ 12,000 點之間，佔整體比例達 91% 以上。

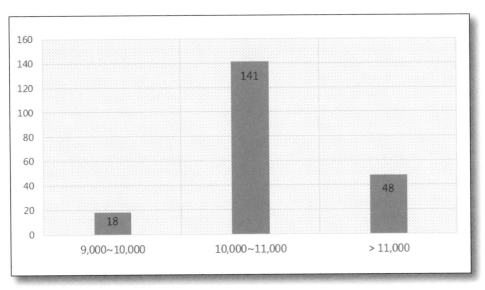

圖 6-3-1：2018 年 11 月 7 日之前大盤指數分配

資料來源：股魚整理

●○● 萬點！本質探討

以往台股出現萬點後，指數經常出現滑落走勢，也使得投資人大多對於萬點抱持沒多久就會快速崩跌的心態，來看待 2018 年的走勢。由表 6-3-2 中可看出，以往的萬點最多維持 60 天左右。

從經驗上來看，只要碰觸到萬點後，不久指數都會有一波的修正，但 2018 年的萬點行情讓許多人跌破眼鏡，不僅一舉越過 60 天的紀錄，更繼續往前推進到 180 天以上。有許多的投資人在指數破萬點後佈局 ETF 反放空工具，也因此虧損連連。

仔細觀察這次的萬點行情，居然沒有出現股民個個歡欣鼓舞的慶祝行情，仍不時出現許多人抱怨虧損連連，甚至於近期的新聞還在持續報導高殖利率個股的反常現象。

通常當股市奔向高點時意味著股價上揚，並連帶使殖利率數字偏低，而股市低點時容易找到高殖利率個股。當現在的市場呈現的是萬點行情，卻有許多個股呈現高殖利率時，可合理的懷疑這其中有虛胖不合理的狀況。

我們將表 6-3-1 重新整理一下：

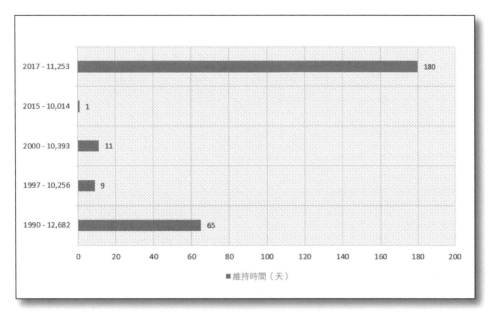

圖 6-3-2：歷年萬點行情維持時間

資料來源：股魚整理

表 6-3-1：萬點行情之整體市值與維持時間

日期	指數高點	整體市值 （兆元）	維持時間 （天）	備註
1990/01/11	12,682	8	65	
1997/07/31	10,256	11	9	
2000/02/09	10,393	12	11	
2015/04/27	10,014	29	1	
2017/05/11	11,253	32	>180	截至 2018/11/7

資料來源：股魚整理

表 6-3-2：萬點行情之整體市值、大盤本益比、大盤殖利率與大盤
　　　　　淨值比

日期	指數高點	整體市值 （兆元）	大盤 本益比	大盤 殖利率	大盤 淨值比
1990/01/11	12,682	8	31		
1997/07/31	10,256	11	27		
2000/02/09	10,393	12	57	2.38%	2.95
2015/04/27	10,008	29	16.1	3.80%	1.75
2017/05/11	11,253	32	15.6	4.17%	1.67

資料來源：股魚整理

　　相較於之前的萬點行情，本次的整體本益比可說是相當低，僅為
15.6，淨值比更是只有 1.67。與以往相比，並沒有特別貴的跡象。

　　為什麼會這樣？指數越高、股價越貴，就越不適合買股的觀念被翻轉
了嗎？不，並不是這樣的，而是加權指數的設計讓權值股佔有太大的影響
力，使得股市被分成兩個世界。一個是權值股拉抬指數，形成欣欣向榮的
表象，一個是非權值股股價低迷不振，而多數投資人買進權值股的比重不
高，在這波的漲幅中幾乎沒賺到什麼甜頭。

●○ 台積電佔比高，權值股影響指數深

　　在前面的內容中有談到，台灣的大盤指數係採用加權指數的方式，以
市值比重變化來決定指數高低漲幅。而由於採用加權指數的關係，市值越
大的公司所佔有的權重越重。

　　依據 2017 年 5 月台灣證券交易所（TWSE）公布的資料來看，其中光 2330 台積電一家公司就佔了 18.09% 的權重。若該公司漲停板（上漲 10%），則相對整體權重上漲 10%×18.09% = 1.809%。若指數為 11,000 點時，所反應的指數為 11,000×1.809%=199 點。各位投資人你沒看錯，台積電對大盤的影響就是這麼巨大。所以要拉抬指數最佳的方式就是買進權值股，特別是前 10 大的個股交易量大且效果良好。

　　單一台積電一檔股票來看，比較 2015 年時 118 元的價位與 2018 年 236 元的價位，這兩者之間影響大盤指數約為 800。在相同概念下，看整個前 10 大權值股在 2015 年與 2018 年間對指數的影響性，則達 1,500 點以上。

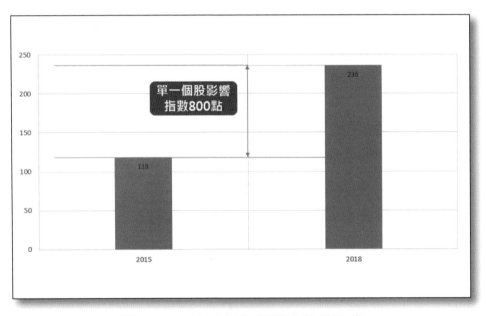

圖 6-3-3：台積電股價對大盤的影響

資料來源：股魚整理

用個簡單的概念來說，若只有權值股改變而其他個股條件不變的話，你現在看到的 10,000 點行情也差不多就是過去的 8,500 點行情，如此一來，很多的疑惑就可以得到解釋。

●○ 「高點」還可以買嗎？

這件事情應回過頭問投資人本身，如果現在打開指數行情跳出來的數字是 8,500 點，你是想買進還是想繼續等待呢？你是看著大盤指數在投資，還是透過個股評價方式分析後才投資，或者是透過某種投資策略的模型在進行投資？其中的差異在於看著大盤指數在投資的人，在此時認為是高度風險要等到指數滑落到滿意區間才開始投資，一個則是不論指數高低，只要評價合理便積極建立部位，不受指數高低所影響。

投資人若是透過數值分析的方法來評價個股是否符合買進條件，應該會發現現在很多的個股都落在合理的評價區間內，這也符合了指數上漲只有漲到權值股，而非各型類股全面上漲的實況。

在這詭異的市場行情中，給投資人幾點建議：

1. 用財務評價的方式買股票，不要跟隨市場風潮

2. 不要投入自己無法承擔風險的額度

3. 不要全壓單一個股，保有一定比例金額彈性應用

不要輕易被指數高低所迷惑住，指數高點時一樣有評價合理的個股，指數低點時也一樣有評價失真的個股。唯有運用財務評價與投資策略模型的方式，才能幫助你評估正確的買賣點。不要忘記了，你是買 ETF 與個股進行投資，指數的高低只是影響找到標的物的難度，更何況現在的萬點只是個虛胖行情，那你在怕什麼呢？

第 3 篇

進階操作方法！
平時多賺、
空頭少賠

12.78% 的報酬到手，你很滿意！不過如果利
用「借券」一年再多賺 1.8% 呢？甚至可以
月月領到股息呢？不是更好！

Ch 7

借券與現金流組合

7-1 ETF 加值策略－借券交易

金融市場中會對應投資環境的需求提出對應的服務，以往投資人購入股票之後就是停留在集保戶內等待賣出的機會來臨，這段時間內僅能在除權息期間領到現金股利與股票股利做為報酬。經常性進行交易的投資人對此沒什麼感覺，但對於以長期投資進行存股的投資人來說，在賣出之前等同於是一大筆資金被鎖在帳戶內。

要是被鎖在集保戶內的證券本來就沒打算短進短出，那要是這些證券能產生多一點的收益不是很好嗎？而「借券」就是這樣的一種產物。

●○○ 「借物」是很常見的交易行為

借券聽起來不太習慣沒關係，我們換個名詞「租車」，總有聽過了吧。手中的車子在某段時間內暫時不使用，轉租給其他人使用並收取相對的資金作為代價，時間到了，承租方要將車子返回並繳交租金。

現在，只是將這樣的概念從實體的車子轉為非實體的證券而已。假定你手中持有 ETF 0050 的投資部位 30 張，而這個部位是依據景氣燈號的投資策略所建立的，想當然爾在賣出訊號出現之前，這個部位將會有一段時間不會動用。以筆者的實戰案例來看，持有超過 1 年是很正常的事情，在賣出訊號出現前只會有加碼的動作，不會因為短期波動就出售部位。

市場上不會只有一種人存在，有人看好、自然也會有人看壞。當他認為後續的趨勢是看空，就需要跟券商借股票放空，但若證券商可供放空的股票不夠時，也可以找手中有該股票的投資人借來放空。

被借去放空這件事情，比較常見的疑慮是會不會影響到股價。我想，以一個投資人來說，你買個幾張並不會改變股價的走勢，被放空幾張自然也不會改變股價走勢。但如果是大型投資機構的經理人擔憂這個問題，則是比較情有可原，他們一次需求的量夠大，足以影響股價走勢。以 ETF 0050 來看，每日的交易張數至少都是 5,000 ～ 15,000 張之間，倒不用擔心被借券的張數會影響到整個股價的走勢，將心力放在景氣燈號的數據發布還比較實際一點。

●ᴏ 借券方式

我們可以將借券當成是活化手中長期投資部位的手段，閒置的資產可以利用租借的方式增加收益，股票當然也是如此。在現行的租借平台上，有分為證交所借券平台與證券商平台兩種，以一般投資人來說，透過證券商平台的雙向借券模式較為方便。

證交所借券平台

主要針對對象為機構法人與證券商。一般人若要參與證交所平台的借券，需先在證券商開立信託戶，將手中的持股予以信託。像是大型的券商才有開辦這樣的服務，如元大、富邦、凱基等。而要加入的門檻也相當的高，且每家的規定都不一樣。

例如：單一代號的持股要超過 100 張、券商的持股市值要超過 500 萬等規定，讓許多的小散戶望之興嘆。

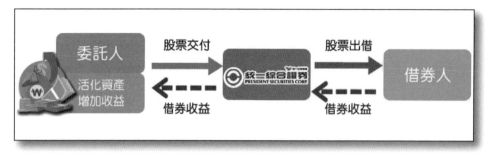

圖 7-1-1：雙向借券

圖片來源：統一綜合證券

雙向借券

為擴大證券商辦理借券業務的券源，於 2016 年 2 月分開放券商可以自行辦理借券業務（借入與借出），供操作使用，該業務也稱為「雙向借券」。投資人不僅可以向證券商借入股票，同時也可以將手中閒置的股票借給券商，藉以活化部位。

而雙向借券與證交所借券平台相比，參加的門檻相對低了許多，只要投資人在有開辦雙向借券業務的證券商開戶，就可辦理出借，不需要在另外辦理股票信託，也就沒有張數與部位大小的限制。

就實務面來說，規模越大的券商因需求量大，其雙向借券的出借率也會提高。另外要注意的是，雖然沒有參與張數的最低限制，手中持股數越多的時候，被借出的成功率也會比較高。這一點在辦理雙向借券業務時，可再與券商確認。

●○● 借券注意事項

借券雖然可以增加收益，但有幾件事情是投資人要額外注意的：

1. 借券利息每檔股票均不相同。從 1% ～ 7% 都有可能，有需求者可參考

表 7-1-1：借券利率證券公司會公布

熱門借券標的

親愛的客戶您好，以下表列近期熱門借券需求標的，謝謝。

	2415 鎧新	2%～2%	2018/12/28
+	2426 鼎元	2%～2%	2018/12/28
+	2439 美律	3.5%～3.5%	2018/12/28
+	2477 美隆電	1.5%～1.5%	2018/12/28
+	2478 大毅	3%～3%	2018/12/28
+	2485 兆赫	3%～3%	2018/12/28
+	2492 華新科	2%～2%	2018/12/28

資料來源：凱基（KGI）－借券資訊

證券借券平台的資訊發布。另外，每檔個股的利率並非定值會隨需求而變，可不要因為看見某檔個股的借券利率高就跑進去買，想賺取借券的利息，卻發現真正出借時的利率與預期有落差。

2. 借出後無法馬上賣出，在開立雙向借券時，會有 T+1 or T+3 等選項，這表示當要 Call 回時需間隔幾天才能取回。就想法上，最好是出借後能立刻 Call 回、立即出售，對自己好的想法對借入方就不見得是好事，這部分也會影響出借率。

這就跟你租房子一樣，當房東（出借方）要求返還房屋時，總是要給房客一點緩衝時間找下一個新的住所。借券也是類似的道理，當有相同券要出借時，T+3 的一定比 T+1 的受歡迎。除考量自己的出售風險外，出借率的高低也是要思考的課題。辦理雙向借券後卻沒人要借，一點意義也沒有。

●○○ 借券收益估算

參考公式如下：

● 借券收入：出借股數 × 每日收盤價 × 成交費率 × 出借日數 ÷ 365

● 借券費用：借券收入 × 25％

● 額外支出：

－借券收入大於 20,000，依規定代扣 10% 所得稅。

－借券收入免納入補充保費。

－借券收入算「租賃所得」，屬出借人的年度所得，需報稅。

用筆者實際的出借案例來計算（2018 年 11 月 28 日～ 2019 年 5 月 28 日），出借標的物為 ETF 0050：

圖 7-1-2：筆者 ETF 0050 的借券狀態

資料來源：股魚整理

- 出借張數：31 張（31,000 股）

- 出借費率：1.8%

- 出借時間：180 天

- 收盤價：77（為計算方便，均固定在 77）

  借券收入：$31,000 \times 77 \times 1.8\% \times 180 \div 365 = 21,189$

  借券費用：$21,189 \times 25\% = 5,297$

  代扣所得稅：$21,189 \times 10\% = 2,119$

  借券淨收入：$21,189 - 5,297 - 2,119 = 13,773$

  實收出借費率：$1.8\% \times (13,773 \div 21,189) = 1.2\%$

  ETF 景氣燈號投資策略 + 借券加值：最大報酬達 14% 以上

在前一章節與各位提到，透過 ETF 0050 景氣燈號投資策略，在同一筆資金連續投入的狀態下，其年複合報酬率為 12.78%。在持有期間再搭配借券加值的模式，可再額外提收整體收益。

換言之，整體的收益率將可達 12.78% + 1.2% = 13.98%。因借券收益率是個隨著出借狀況而變的條件，從 1% ～ 7% 都有可能。所以整體年複合報酬率超過 14%，也不是不可能的事情。

不要讓你手中的長期投資部位變成呆資產，趕緊活化一下，來提高收益率吧！

7-2 建立 ETF 現金流組合

現金流經常與被動收入綁在一起說明，透過時間的醞釀，讓持有部位者在經歷過一段時間後，可以在不用進行任何交易的狀態下取得現金收入。這種收入迷人的地方在於什麼都不用做，就像是不工作就自己有收入進帳一樣。

多數人都是透過時間／勞務的方式取得相對應的報酬（薪資），一旦勞務的契約中斷，整個收入便隨之中斷。在社會案件中，不乏許多因工作收入中斷造成家庭陷入困境的社會新聞。當我們年輕時，並不那麼在意工作的持續性，但隨著年紀漸長，家庭建立責任隨之增加，工作除了換取薪資報酬外，也多了一份家庭責任的意涵存在。

ETF 借券的技巧事實上是一種創造現金流技巧，將閒置的部位透過租借模式轉換創造出現金流，而在這個過程中所持有的部位、權益均沒有任何改變，唯一的差異就是 Call 回會有 T+1 or T+3 的限制。

●●● 選擇權賣方策略

坊間還有另外一種現金流策略技巧，其是透過選擇權的形式進行，俗稱賣方策略。用簡略一點的說法闡述好了，選擇權交易的概念是將某樣商品設定一個到期價格，此時會有一個買方與一個賣方，賣方將商品到期價格的權利賣出，而買方為了這個期約權利付出一個價金。當時間到期時，買方可以選擇要不要執行權利。

假設手中有 ETF 0050 30 張，平均價位為 77 元。我們設定一個情境來解釋這個選擇權的概念：

- 賣方：將權利賣出，每張為 1,000 元，設定條件為 6 個月到期，履約價格 85。

- 買方：認為該條件可能實現，買入賣方所有權利，故支付 1,000×30 = 30,000 價金。

　　當 6 個月後到期時，市場價格為 82，並未達履約價格，買方選擇不履行合約。

- 買方：不履行權利，損失價金 30,000。

- 賣方：因買方不履行權利，無需依合約價格出售持股，並收取買方價金 30,000。

　　這個概念就跟合約一樣，我和你訂了一個合約後，約定一個數量與價格，在合約結束前數量與價格都不能再異動，如任一方違約則有法律問題與賠償責任。

　　這樣的方式在美股很常用，主要是在美股市場中個股選擇權較為發達，可以運用的標的物較多。但在台股市場中，打開個股選擇權會發現可供選擇的標的物會非常稀少，另一個大問題是成交量也非常稀少。一灘死水的市場是無法形成任何交易策略，就算是台灣 50（0050）這種每日超過萬張交易量的 ETF，在個股選擇權市場中也幾乎沒什麼人在交易，更不要說其他的個股選擇權。

表 7-2-1：選擇權行情表

買權					元大台灣50NYO ▼ 選擇權行情表(依日期)					
					2018/12 ▼	賣權				資料日期:12/07
結算價	漲跌	成交量	收盤價	未平倉	履約價	結算價	漲跌	成交量	收盤價	未平倉
12.95	-	0	-	0	62.5	0.01	-	0	-	0
10.45	-	0	-	0	65.0	0.01	-	0	-	6
7.95	-	0	-	0	67.5	0.01	0.04	20	0.05	34
5.50	-	0	-	0	70.0	0.02	0.05	20	0.08	76
3.14	-	0	-	0	72.5	0.17	-	0	-	45
1.32	-	0	-	10	75.0	0.85	-	0	-	48
0.36	-	0	-	13	77.5	2.40	-	0	-	28
0.06	-	0	-	90	80.0	4.59	-	0	-	2
0.01	-	0	-	58	82.5	7.05	-	0	-	0
0.01	0	5	0.01	20	85.0	9.55	-	0	-	0
0.01	-	0	-	6	87.5	12.05	-	0	-	0
0.01	-	0	-	6	90.0	14.55	-	0	-	0
0.01	-	0	-	0	92.5	17.00	-	0	-	0
0.01	-	0	-	0	95.0	19.50	-	0	-	0
0.01	-	0	-	0	97.5	22.00	-	0	-	0
0.01	-	0	-	0	100.0	24.50	-	0	-	0
0.01	-	0	-	0	105.0	29.50	-	0	-	0

資料來源：富邦證券

　　山不轉路轉，既然個股選擇權走不通，那麼我們不要忘記一件事情，ETF 0050 與大盤的連動性極高，其相對係數可達 98%。利用這個特性運用台指選擇權（TXO），可作為 ETF 0050 選擇權的替代物。

　　那我們怎麼知道一口選擇權與 ETF 0050 的張數關係呢？可利用指數每點的價值去換算。以台灣期貨交易所的資料說明，台指選擇權每點的價格為 50。

- TXO 每點價格：50 元

- 台股指數：9,760（2018 年 12 月 9 日）

- 換算一口價值為 $9,760 \times 50 = 488,000$

項目	內容
交易標的	臺灣證券交易所發行量加權股價指數
中文間稱	臺指選擇權(臺指買權、臺指賣權)
英文代碼	TXO
履約型態	歐式(僅能於到期日行使權利)
契約乘數	指數每點新臺幣50元
到期契約	• 自交易當月起連續3個月份，另加上3月、6月、9月、12月中2個接續的季月，另除每月第2個星期三外，得於交易當週之星期三一般交易時段加掛次一個星期三到期之契約 • 新到期月份契約於到期契約最後交易日之次一營業日一般交易時段起開始交易
履約價格間距	• 履約價格未達3,000點：近月契約為50點，季月契約為100點 • 履約價格3,000點以上，未達15,000點：近月契約為100點，季月契約為200點 • 履約價格15,000點以上：近月契約為200點，季月契約為400點 • 交易當週星期三加掛次一個星期三到期之契約，其履約價格間距同近月契約。 • 各契約自到期日之前一個星期三起，於前一營業日標的指數收盤價上下3%間，履約價格間距為近月契約之二分之一。

圖 7-2-1：台灣證券交易所股價指數選擇權契約規格

資料來源：台灣期貨交易所

- ETF 0050 價位：75.45（2018 年 12 月 9 日）

- 每張價格：75.45 × 1,000 = 75,450

TXO 一口等於 ETF 0050 張數：488,000 ÷ 75,450 = 6.46 張

坊間大多以 TXO 一口約等於 ETF 0050 7 張的經驗值來設計。簡單來說，當我們手中有 7 張 ETF 0050 時，便可以相對賣出一口 TXO 的概念。

選擇權有 4 種基本的交易策略，簡述如下，有興趣者可找專門書籍參考。

1. Buy Call：看漲，預期盤勢可能大漲。假設目前大盤指數為 9,800 點，預期有上攻 10,000 點的機率極高，則以買進買權方式支付權利金，等待履約獲利。

2. Buy Put：看跌，與 Buy Call 相反，預期盤勢會大跌。目前指數為 9,800 點，預期跌到 9,400 點以下機率極高，則以買進賣權的形式支付權利金，等待下跌獲利。

3. Sell Put：區間盤整，預期緩漲。整體盤勢無大漲大跌可能，預期以盤整緩步向上為主。以 9,800 點為例，預期不會跌破 9,400 點，就可以賣出 9,400 點的賣權並收取權利金，只要盤勢沒有出現 9,400 點以下走勢，則可順利收取權利金。

4. Sell Call：區間盤整，預期緩跌。與 Sell Put 相反，預期盤勢緩跌。在 9,800 點時預期反彈不會超過 10,100 點，即可賣出 10,100 點的買權，收取權利金，只要不出現大盤爆漲，即可到期時收取權利金。

那我們將 ETF 0050 與 TXO Sell 交易策略組合在一起，即變成了一種收租型現金流策略。從概念上來說，就是以 ETF 0050 做為獲利的基準搭配 TXO 輔助收益，市場上比較常討論的是搭配 Sell Call 策略。

當我們將 7 張 ETF 0050 搭配一口 TXO 作為投資組合，概念上相當於將 ETF 0050 的現貨轉換可作為選擇權。搭配 Sell Call 策略可說是勝率極高的一種作法。

假設情境（以價平為基準）如下：

● 賣出一口 TXO 後，但結算時沒有發生高於履約價的狀況，則買方不執行，我方可比單純持有現股的投資人多收一筆權利金（這就是所謂的租金）。

● 賣出一口 TXO 後，但結算時發生高於履約價的狀況，買方執行履約。因選擇權交易的概念上為發生虧損，但因為高於履約價，表示相對的 ETF 0050 價格上揚，若在配置設計正確的狀況下，選擇權的損失金額會約略等於 ETF 0050 的上漲獲利，兩邊會互相抵銷。我方收益為權利金。

從策略模式來看，只要考慮選擇權的價內、價位、價平的選擇，就有極大機率穩穩的收取權利金。這也等於在長期持有 ETF 0050 等待賣出訊號出現時的另一種創造現金流的投資技巧。不過，要提醒每位投資朋友選擇權在本質上是一種高度風險的衍生性工具，在進場運用前切記要先有相關知識後才進場使用。

而選擇權賣方策略看似是可以很穩定的收取權利金的方式，但是要記住「選擇權賣方是一種高勝率但獲利有限、風險極高」的投資技巧。

在近期最著名的 0206 期貨選擇權事件，就是一場血腥的屠殺。當天市場重挫 284 點，卻前後引發了買權與賣權的異常漲停，使得市場價格發生異常，觸發期貨商的瘋狂強制平倉，讓整個市場陷入一片屠殺之中。許多該下跌的變成漲停，整個交易機制出現錯亂，而這個錯亂使得部位保證金損益被拉到數倍，甚至數百倍都有。

這個異常使得市場中看空與看多的投資人均受到損失，有許多人在一夜之間破產，並成立自救會要求討回公道。這個事件仍在處理討論之中，後續該怎麼解決仍未定案，相信在經歷此一事件後，整體的交易機制將會更加的完善健全。但無論如何，在運用這樣的衍生性商品的時候，要隨時將風險記在心裡，不要讓一時的順遂使自己忘了市場風險的存在。

除此之外，在過往的案例中，也有許多因市場不理性暴漲暴跌而虧損出場的案例，使用該技巧的過程中務必小心謹慎。

●○ ETF 投資組合創造每月收益

ETF 0050 本身具有配息的機制，以往採用一年一次的配息，每年都在 10 月分時配息，而在 2016 年時更改機制，為每年可以配發 2 次。對於有現金流需求的投資人，每年 2 次表示每半年才有一次現金股息的收益入帳。但不是每個人都喜歡每半年入帳的形式，更多時候希望能維持與工作薪資的形式一樣，每個月都能有入帳收益，這時候將資金分散在不同的 ETF 上就是另一種作法。

以個股來說，現金股利的發放大多集中在 7 月～ 10 月之間。而 ETF 則是在評價日後才發放，不同的 ETF 則有不同的評價日。以 ETF 0050 來看，評價日為 6 / 30 與 12 / 31，則股息發放為 1 月與 7 月。

將幾個常見的 ETF 配息日期整理如下：

表 7-2-2：常見之 ETF 配息日期

Item		配息日	配息率	備註
0050	台灣 50	1 月、7 月	2~4%	
0051	中型 100	11 月	3~4%	
0056	高股息	10 月	4~5%	配息率隨配發時股價狀況而變
0052	富邦科技	5 月	3~6%	
0055	MSCI 金融	11 月	2~4%	

資料來源：股魚整理

就目前為止，台灣市場內有超過 130 檔的 ETF 發行，每檔 ETF 的配息時間均不一樣（參考本書的附件資料），投資人可藉由不同的 ETF 組合方式來建構屬於自己的每月 ETF 現金流量組合。

除了股票型的 ETF 外，市場中另外還有發行債券型的 ETF 可作為風險控制用的配套。大多情況之下，都會依照不同的年齡提供不同的組合建議，像是年輕人可承擔高風險，股票性的部位要多一點，老年人則是可承擔風險低，債券型部位要多一點。

把可承擔的描述予以量化後，可用年齡來作為區分。當年輕人假設為 30 歲，那建議的組合方式為股票型 70%、債券型 30%，當年齡來到 70 歲時，組合方式為股票型 30%、債券型 70%。透過不同的年齡設計不一樣的投資組合部位，來確保組合的安全性與持續性。

年紀	25	30	35	40	50	60	70	80	90
股票型資產(%)	75	70	65	60	50	40	30	20	10
債券型資產(%)	25	30	35	40	50	60	70	80	90

圖 7-2-2：不同年紀資產配置比例不同

資料來源：股魚整理

Ch 8

股市崩盤時 ETF 0050 的操作技巧

8-1 承擔一點風險換倍數報酬

在前面的章節裡有談到當景氣燈號出現藍燈，甚至於連續藍燈時，大盤指數會處於相對低檔的位置上，若在相對低檔進場買進建立部位，後續獲利出場的勝率極高。以筆者為例，前四次的進場都獲利做收，第五次進場則是賣出訊號尚未出現，持續持有中。

股票市場本身瞬息萬變，今年的低點到了隔年仍有機會出現更低點。一波又一波的低點容易讓人耐心全失，在非預期的條件下賣出部位，這種事情在投資人之間很常見。一開始信心滿滿會堅守紀律，實際發生虧損時又是另外一套想法，特別是在持續下挫的市場之中。

通常市場持續上漲，抱住手中部位是件容易的事情，問題是出在市場持續下跌時，看著手中虧損的部位怎麼看都不順眼，且虧損會造成資產部位數字的下降。虧損時今天看一下、明天檢查一下、後天檢討一下，好像不做點什麼事情不行的感覺持續侵襲自己，可是越是每天檢查部位，就越不容易達成投資策略。想想看，景氣燈號的投資策略每個月頂多發布一次燈號訊息，有些投資人對於虧損的容忍度極低，虧損時總是坐立難安。

　　像上述的情況，保本的定存與債券會是比較適合的工具。但是保本的代價就是低報酬，擁抱一點風險的代價就是倍數報酬。以下將資金放在銀行做定存與將資金買進銀行股當作定存做為對照範例，來瞭解擁抱風險為什麼是投資的必要之惡。

　　定存在本質上是將資金借給銀行放貸，所以銀行只需要支付承諾給你的利息做為代價，存股是成為銀行（企業）的股東，當企業運用各種手段獲利時，就必須依照股權比例分配獲利給股東。用個簡單的想法來看，借錢給銀行是銀行放款賺得多，還是支付給你的利息比較多？自然是前者，既然前者的獲利較好，當銀行的股東自然獲利會比當他的存戶來得好。

　　就以銀行股做為例子，來看看將一筆錢存在銀行，與存在銀行股裡面經過 10 年的差異。

　　從圖 8-1-1 中資料來看，同樣一筆錢當存戶與當股東最終累積的金額相差了 25 倍之譜，當存戶每年可以獲得無本金虧損風險的 1% 報酬，當股東雖然有本金虧損的風險，但是每年的資本利得與配息足以讓你將風險拋在腦後，在過去的 10 年中僅有在 2011 年和 2015 年有發生虧損問題，可是在其他的年度其獲利都遠超過定存利息。

　　所以各位朋友啊，以資金定存與資金當銀行股東為例，不要再輕易的將你重要的資金放在銀行的定存內長灰塵了。既然將銀行定存資金轉成銀行股存股資金的效益如此顯著，承擔一點點風險換來倍數的資金成本是很划算的。

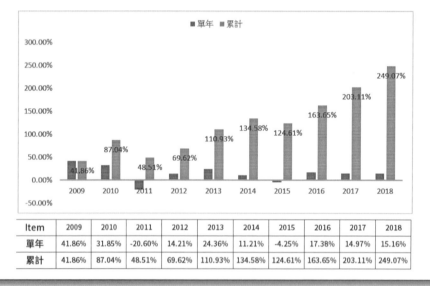

Item	定存	存股	備註
投入金額	\multicolumn{2}{c}{1,000,000}		
期間	\multicolumn{2}{c}{10 年 (2009.01～2018.10)}		
標的	銀行定存單(每年連利息回存)	2880 華南金	資金平均分配在每檔個股
		2891 中信金	
		2881 富邦金	
		2884 玉山金	
		2892 第一金	
終值	1,104,622	3,490,700	
報酬率	10.46%	249.07%	

■單年 ■累計

Item	2009	2010	2011	2012	2013	2014	2015	2016	2017	2018
單年	41.86%	31.85%	-20.60%	14.21%	24.36%	11.21%	-4.25%	17.38%	14.97%	15.16%
累計	41.86%	87.04%	48.51%	69.62%	110.93%	134.58%	124.61%	163.65%	203.11%	249.07%

圖 8-1-1：定存與存股的差異

資料來源：股魚整理

　　這也是我們一直想告訴投資朋友的，無風險的投資最終就是放棄了資產倍數成長的機會。我們唯一能做的是，儘可能的透過投資技巧與策略把風險降到最低，但要做到無風險的保本投資又要高報酬，除非是遇到詐騙之外，大概不會有這樣的東西存在。

表 8-1-1：2009 ～ 2018 年金融股當年報酬率

個股代號	名稱	2009	2010	2011	2012	2013	2014	2015	2016	2017	2018
2880	華南金	16.77	28.51	-27.69	11.1	12.05	9.09	-5.45	17.37	12.64	10.58
2891	中信金	49.5	18	-2.73	1.06	31.91	6.75	-8.03	17.97	22.07	2.21
2881	富邦金	64.48	12.29	-13.93	18.7	27.34	20.44	-6.77	19.58	3.7	-1.05
2884	玉山金	57.67	58.22	-29.59	32.23	36.1	9.54	8.25	7.76	13.43	15.18
2892	第一金	20.87	42.24	-29.05	7.94	14.43	10.22	-9.27	24.24	23.03	4.64
2801	彰銀	24.06	72.97	-29.99	5.01	23.83	4.23	-6.35	18.14	3.74	11.33
2812	台中銀	25.63	44.85	25.8	20.3	17.81	9.07	-0.26	5.27	15.89	9.07
2823	中壽	108.06	46.18	-12.16	10.21	32.21	-2.92	6.94	35.02	4.39	1.2
2850	新產	92.54	81.2	-45.72	42.66	27.56	7.58	-2.97	22.46	15.37	28.3
2851	中再保	77.53	54.22	-31.05	10.04	10.82	19.71	-0.88	5.08	21.87	3.27
2882	國泰金	63.54	-8.11	-34.57	2.9	66.16	5.52	2.43	10.17	15.59	-4.68
2886	兆豐金	63.77	27.61	-4.78	17.71	16.2	1.73	-7.88	14.88	10.66	12.41
5880	合庫金	26.05	39.77	-21.73	-2.96	8.16	8.09	-8.49	11.58	27.51	10.47
6023	元大期	6.66	-12.6	-8.64	3.27	13.66	6.5	19.68	11.75	16.23	1.02
6024	群益期	1.11	-12.6	-22.52	33.5	18.01	-7.09	33.84	29.59	32.3	4.95
5878	台名						-2.26	18.26	8.51	12.31	7.97
2887	台新金	117.73	41.69	-34.02	22.13	40.51	0.61	-11.91	15.23	27.14	4.77

資料來源：股魚整理

　　景氣燈號投資法是一種壓低風險（相對低點進場，上漲機率高、續跌機率低）的投資方式，投資人應有信心才是。

8-2 持續下跌虧損難熬，用技巧調整作法

　　虧損之所以難熬，另一個原因是在於自尊心受損。想想為什麼會投入市場之中，不就是因為判斷這時候入場有機會獲利，那投入後卻發生虧損且持續擴大，就像打自己一巴掌，並告訴自己判斷失誤。

　　就心理學的角度來說，賠錢的感覺比賺錢的感覺更強烈，也因為賠錢與犯錯是相同的關係，而虧損會帶來強烈的痛苦，所以我們容易在賠錢時傾向於逃避，或是持續檢查想做點什麼來改善現況。

　　就這樣的狀況，有幾種進階的投資法可做為參考，投資人可參考自身的條件來選擇合適自己的作法。

●● 方法一、定期定額：

　　適合每個月都有資金可以持續投入的人。在第一批資金投入後，剩餘資金與期間累積的資金以每月定期定額的方式投入，藉此產生持續下檔時擴大部位累積、持續上攻時增加收益的模式。

　　定期定額在空頭市場時的效益最為顯著，當我們預期該標的物長線必然回到正報酬價位時，就可以透過這樣的技巧在等待的過程中持續將手中的部位成本降低，等賣出訊號出現時可提高報酬率。而在持續下跌的過程中，也會因為持續投入降低部位的單位成本，而獲得操作的感覺。

　　一般來說，在多頭市場內以單筆投資所能獲得的報酬率才是最佳的。但景氣燈號投資法所瞄準的是空頭市場時切入，故運用定期定額的加碼作法可協助投資人用有紀律的方式對抗下跌時不願意投資的抗拒心態，以換取賣出訊號出現時最大的獲利空間。

表 8-2-1：定期定額投資 ETF 0050 可以降低持股成本

每月投資金額	ETF 0050 股價	可買進數量（股）
15,000	77	195
15,000	76	197
15,000	75	200
15,000	74	203
15,000	73	205
15,000	72	208
15,000	71	211
15,000	70	214
15,000	69	217
15,000	68	221

合計投入	150,000
取得股數	2,072
平均成本	72.39

（採平均投入成本為 72.39，若採一開始一次投入則成本為 77）

資料來源：股魚整理

●○● 方法二、Buy Hold + 低數值加碼：

適合會持續觀察景氣燈號分數與其他指標的投資人。在第一批資金投入後，剩餘資金暫緩投入，取特定指標作為再投入的基準。常用的方式有兩種：

1. 以更低的景氣燈號分數進行加碼：假設入場時分數為 16，當接下來的月分低於 16，則持續進行加碼動作，當大於 16 時，停止加碼直到賣出訊號出現為止。

以圖 8-2-1 為例，在 2015 年 6 月進場後，持續加碼至 2016 年 3 月。之後景氣燈號數值大於進場點停止加碼，等待再次加碼（低於 16）或賣出訊號（高於 32）的出現。

圖 8-2-1：依景氣燈號分數進行加碼投資（接下頁）

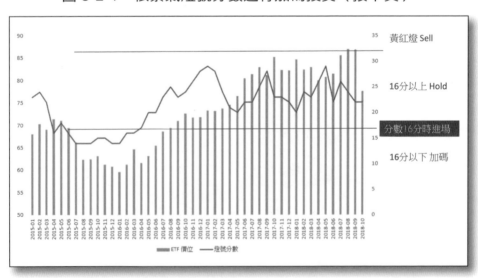

時間	2015-01	2015-02	2015-03	2015-04	2015-05	2015-06	2015-07	2015-08	2015-09	2015-10	2015-11	2015-12
燈號分數	23	24	22	16	18	16	14	14	14	15	15	14
ETF價位	68	70.3	69.05	71.45	71.1	69.4	66.15	62.3	62.4	63.2	61.2	60.75
動作						進場	加碼	加碼	加碼	加碼	加碼	加碼

時間	2016-01	2016-02	2016-03	2016-04	2016-05	2016-06	2016-07	2016-08	2016-09	2016-10	2016-11	2016-12
燈號分數	14	16	16	17	20	20	23	25	23	24	26	28
ETF價位	59.55	61.25	64.65	61.6	63.15	65.45	68.55	69.4	70.95	72.6	71.7	71.8
動作	加碼	加碼	加碼	等待	等待	等待	等待	等待	等待	等待	等待	等待

時間	2017-01	2017-02	2017-03	2017-04	2017-05	2017-06	2017-07	2017-08	2017-09	2017-10	2017-11	2017-12
燈號分數	29	28	24	21	20	22	22	25	28	23	23	22
ETF價位	73.3	73.15	73.7	74.55	76.5	80.4	81.35	82.95	81.2	85.2	82.25	82.15
動作	等待	等待	等待	等待	等待	等待	等待	等待	等待	等待	等待	等待

資料來源：股魚整理

2. **以十年線作為加碼基準**：十年線又被稱為長期投資人的成本線，意味著
   當大盤指數跌破十年線時，長線投資所累積的報酬率也歸零重來。當然
   每個人的建立成本與持有時間不一，這僅是一個參考性的說法。不過，
   十年這樣的週期也的確被拿來看成許多投資策略回測的時間長度。

   　從圖 8-2-2 中的資料來看，股市在大多數的時機均維持十年均線以上
   移動。若碰觸到十年線後會帶來一波漲勢，投資人要瞭解一件事情──
   「市場沒有所謂的絕對」，就如同當海外市場重挫時會預期台股將受到波
   及，指數開盤會重挫。但實際上就不見得會如預期發生，當不如預期時會
   戲稱「台股走自己的路」。

   　十年線也是一樣的，短線的加碼不見得會立即迎來反彈走揚的結果，
   長線上確實會彈回十年線以上，這個時間有時是一季內發生、有時需要一
   年以上的時間醞釀。對景氣燈號投資法來說，在出現景氣燈號藍燈的情況
   下，又遇到十年線以下的加碼時機，可說是一種低上加低的時間點。

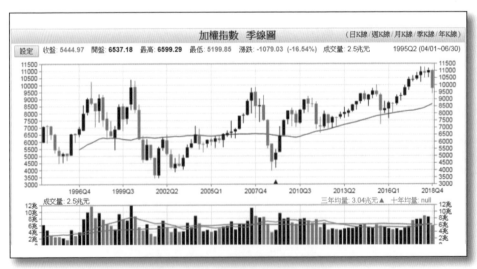

圖 8-2-2：加權指數季線圖

資料來源：Goodinfo

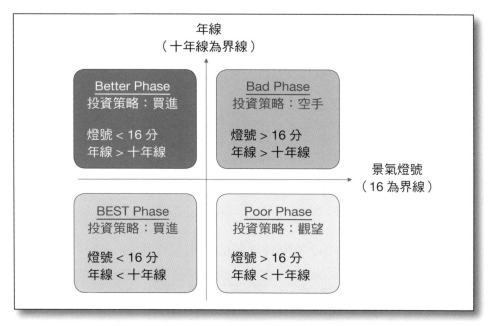

圖 8-2-3：投資決策四象限

資料來源：股魚提供

　　用一種矩陣的概念來看：將條件看成四個象限，不同的象限做出不同的投資決策。

　　在兩個指標相互搭配的狀況下，需要做些區分。

● 景氣燈號：短期指標

● 十年線：長期指標

　　所謂長短期指標，係以出現的頻率來區分。以過去的數據紀錄來看，景氣燈號從藍燈跑到黃紅燈的頻率高於大盤指數低於十年線的頻率。若以十年線做為買進賣出的指標來看，會出現「跌破十年線買進：等太久才出現買點，突破十年線賣出：賣太早」的情況。

在四個決策象限內，從理論上來看，在藍燈且低於十年線的條件，應有最佳的報酬率與最高的勝率，因為這是雙指標同時出現的低點訊號。燈號高於 16 以上的條件則建議觀望就好，因為這表示股市尚未走到相對的低點。

投資人要謹記一件事情，景氣燈號是反應當前的景氣狀態，當出現藍燈時大多會伴隨重大的經濟事件打擊投資信心，眾人退場時才是最佳的進場時刻。

表 8-2-2：投資決策四象限操作實例

項目		第一次	第二次	第三次	第四次	第五次
持有時間		8 個月	29 個月	16 個月	35 個月	42 個月
報酬率		22.35%	43.76%	30.52%	24.08%	5.88%
景氣燈號		黃藍燈	黃藍燈	藍燈	藍燈	藍燈
十年線	時機	低於十年線	低於十年線	低於十年線	高於十年線	高於十年線
	大盤指數	4,872	6,011	5,719	6,904	9,323
	十年線位置	6,351	6,395	6,552	6,732	7,760
決策象限		Best Phase	Best Phase	Best Phase	Better Phase	Better Phase
備註		前 2 個月分為藍燈	燈號連續下降，預判下個月藍燈提前投入			截至 2018.12-（現仍持續中）

資料來源：股魚整理

以實戰案例來看，前 3 次的投入時間均在 Best Phase 的象限內，所取得的報酬就相對亮眼。當然追求最大報酬的投資策略，只在 Best Phase 內投入資金看似一個不錯的選擇。但投資人要問自己的是，以這樣的 Best Phase 的買進策略在過去的十多年間，僅出現了 3 次買點，就出現頻率來看，比純燈號的買進策略要等待的時間更久。

故個人是以景氣燈號低於 16 分作為主要買點訊號，十年線則是作為要不要大幅再加碼的輔助決策訊號。堅持在最佳的時間點才買進的話，恐怕會等到連出手的機會都沒有，你說是吧！

●● 方法三、蜘蛛網投資法：

這個適用於部位投入後，仍想進行波段操作的投資人。其運用的道理在於基礎部位建立後，以該部位的平均成本畫出上下限，較常見的作法為以基準價位的上下 5% 作為加減碼的基準。像是如圖 8-2-4 的作法是以 5% 當成網子的節點。

這種方式最主要的原理有以下幾點：

1. 交易策略就是「低買高賣」

2. 每次的交易漲跌幅均為定值

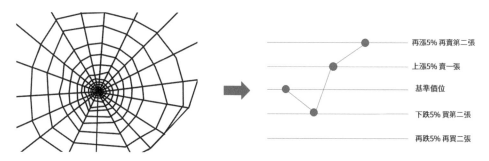

再漲5% 再賣第二張
上漲5% 賣一張
基準價位
下跌5% 買第二張
再跌5% 再買二張

圖 8-2-4：蜘蛛網投資法

資料來源：股魚投資、Ivy 繪圖

3. 買賣的價位可自行規劃

4. 滿足交易的感覺

我們用簡單的案例步驟來說明這個投資技巧：

Step1：假設有 100 萬的資金要投入市場時，將其中的 70% 拿來買進股價 100 元的股票，可買進 7 張。另外 30%，作為下跌時繼續買進的資金。

Step 2：設定間距為 5%，也就是當股價漲跌 5 元時，要執行買進或賣出的動作。

Step 3：執行該策略。

一開始的建立成本為 100 元，7 張，每個蛛網的間距為 5 元。當股價上漲到 105 元時賣出一張，當股價上漲到 110 元時再賣出一張。可類推當股價上漲到 135 元時，手中的部位將可全數出清。

表 8-2-3：蜘蛛網投資法實作

Item	售出價位	獲利（元）
第一張	105	5,000
第二張	110	10,000
第三張	115	15,000
第四張	120	20,000
第五張	125	25,000
第六張	130	30,000
第七張	135	35,000

資料來源：股魚整理

總獲利數字為 140,000 元。假如建立部位後很順利的依照設定間距逐步賣出，則以上述案例出清部位後的獲利率為 140,000 ÷ 700,000 = 20%。

這樣的技巧適合在大盤出現盤整區間使用，投資人既可以在底部盤整時進行買進賣出的動作，滿足交易的快感，當指數開始脫離底部燈號，由藍燈往黃紅燈邁進時，又可以在走升的過程中將部位慢慢出清換取現金入袋。

若投資人本身有隨時盯盤操作的習慣，那這樣的投資方式會是個不錯的配套選擇。

●◐ 方法四、等政府的救市訊號：

曾幾何時，股票的指數高低也變成是政府政績的一部分，當股市破萬點時，就當成是因為施政良好使得景氣活絡的證明。其實政府只要不幹一些蠢事的話，在自由經濟發展的條件下，私人企業想賺錢獲利的動機比政府還高很多。

股市開始崩跌的時候，會影響到大眾對於政府的看法，於是乎政府便會針對股市提出管制與振興的手法。像是投入四大基金買進個股、或是國安基金進場，甚至於管制漲跌幅等。

這件事情基本上是有個 S.O.P 流程，絕對不會出現股市下挫 500 點，國安基金立刻進場救市這樣的情況。肯定是先來個信心喊話，看看市場反應後再逐步加強救市力道。

筆者將政府的救市 S.O.P 流程整理如表 8-2-4。

最一開始一定是用嘴砲護盤方式，能夠不用錢就拉抬股市當然是出嘴最好了，當苗頭有點不對的時候，要開始找第三方來談談怎麼配合政府救

表 8-2-4：政府救市 S.O.P 流程

Item	意義	動作
1	嘴砲護盤	財經官員信心喊話。
2	嘴砲護盤	行政院出面信心喊話，告訴投資人一切都在掌握中。
3	嘴砲護盤	政府官員找投資機構喝咖啡，警告不要唱衰市場。
4	配合演出	忽然一堆企業開始宣布「將」買進庫藏股（請注意一下，是「將」買進而不是真的買進，企業也是要配合政府演戲一下）。
5	偷偷護盤	市場出現四大基金偷偷買股的消息。
6	偷偷護盤	市場開始檢討是否啟動國安基金進場。
7	市場管制	宣布禁止平盤以下放空。
8	市場管制	股市漲跌幅減半。

資料來源：股魚整理

市。當第三方這招也沒用的時候，只好開始動用真金白銀來進場投資，非到最後絕對不會進行市場管制。想想看，我們是號稱自由經濟的市場，若是下跌就進行全面性管制，那在全世界金融市場的評價會因此受到影響。

故當政府已經動用到最後一招的時候，肯定情況很危急，市場的投資氣氛逼近於崩潰才會出此下下策。比較常見到的是出動國安基金護盤，而國安基金是否進行護盤，因屬於重要決策，必然是要公開給媒體，所以我們可以在媒體中輕易取得訊息，而這即可當成 ETF 0050 在股市下跌時是否再加碼的訊號之一。

進場時間	進場原因	投入金額（億）	績效	報酬率
2000.10	1. 網路泡沫化 2. 核四停建、醞釀倒閣	1,200	226	18.83%
2004.05	1.319 槍擊案 2. 國台辦嚴厲對台聲明	500	35	7%
2008.05	金融海嘯	600	337	56.17%
2011.12	歐債危機	428	37.3	8.71%
2015.08	大陸經濟衰退，全球股災	190	12	6.3%

圖 8-2-5：國安基金護盤時進場的投資報酬率

資料來源：股魚整理

　　從以往五次的進出場紀錄來看，每次進場都以獲利作收。將國安基金的進場當成是股市的送分題也不為過，要是投資人在 ETF 0050 景氣燈號投資法執行過程中，發現媒體開始討論國安基金是否進場的訊息時，可不要忘了這是一個吃政府豆腐的大好機會。

結論：不會選股沒關係，
ETF 是你的最佳伙伴

股票買久了會產生奇怪的偏執，特別是對某間公司產生感情的時候。曾經有一次在文章中發表某間電腦品牌廠商，但其財務報表的毛利率卻比它的下游代工廠還要低，顯示該公司對於經營品牌的效益並不明顯，且因為經營品牌的關係在財報累積了不少無形商譽的價值，像這樣的東西未來都是財務報表的地雷之處。

怎麼說呢？商譽與硬體資產的價值不太一樣，硬體資產價值有一套邏輯可以估算，也有專門的公司可協助評估，看得到也摸得到，但商譽指的是品牌的認知價值，這種無形資產的東西在知名度高的時候與知名度低的時候價值落差很大，特別是台灣企業在品牌經營上花了很多心力，成效卻不明顯。

在企業的品牌認知力越來越不顯著的情況下，無形商譽是否還值這麼多便值得商榷。以外部投資人來說，決策挺簡單的，賣出就是了。當文章一發表，網站中忽然出現一位投資朋友對這樣的解讀不以為然，提出多次的反駁，但卻沒有什麼明確的數據佐證他的論點。

經多次討論之後，他忽然想通了什麼，跟我說：其實他很喜歡那間公司，也買進該公司的股票。發現有人的看法不利於該公司時，總會不自覺的憤怒，在討論的過程中他仔細的回頭看數據資料，發現確實是有問題的。他非常感謝筆者願意花時間與他討論這些事情，經歷過這些討論，他終於想清楚該放下了。投資歸投資，喜歡歸喜歡。喜歡一間公司可以用行動來支持，但投資的目的是為了獲利，不能混為一談。

若將個人的情感與投資結合在一起的時候，容易造成混淆，特別是投資的對象是你所喜歡的企業。這就跟熱戀中的男女一樣，眼中只看見美好，其餘的東西皆當成耳邊風。

●● ETF 不選股，你不會愛上他

ETF 本身就是一籃子的股票，裡面可能包含你喜愛的企業，也可能包含你所討厭的企業。但這不重要，它能做到足夠的分散性與大盤的連動性才是重點。另外一個特點是你不需要選股，你不需要學習怎麼看財務報表才有能力判斷一個企業的好壞，只要會看景氣燈號，能從生活中感受景氣的熱絡與嚴寒，就可以開始投資了。

本書中除了精選股的部分外，其餘的運用技巧均不需要任何財務報表的解讀技巧，任何一個人只要有開立證券戶，就可以學會這樣的投資技巧。而 ETF 無話題性的特點，會讓你遠離不必要的市場討論。想一下，上次在茶水間討論個股投資的狀況，應該是你與同事討論某檔個股的故事和八卦對吧？場景換成 ETF，我想這個談話大概 10 秒鐘就結束了。一籃子股票組合的 ETF 有什麼八卦好談的呢？談總體經濟的趨勢嗎？拜託，除了經濟學家外，誰跟你在茶水間的八卦專屬空間中討論嚴肅的總體經濟話題。

我們一般人買進個股的通病是，「投資的事前檢查太少，投資的事後檢查太多」。一個好的個股買進，應該是在投資前就要做好相關的數據檢查，以確認這是個正確的投資決定，理想上是這樣。但實際上都是聽到八卦說某間公司有短線上漲的潛力，就趕緊下單買進，等到買進後冷靜想想，才回過頭看相關數據與報導，陷入續抱與賣出的兩難抉擇之中。

幸好，ETF 讓你沒有這樣的苦惱，買進與賣出的策略相當具有一致性與可操作性，讓你免去許多事後的煩惱。

●○● 不要讓行情佔領你的生活

人活著有很多事情要做，每個人一生的旅程終點都不一樣。多數的時間裡，我們試著跟所有人建立不同的關係來開拓視野，幫助別人的同時也幫助自己打開更多的視野。

每一項活動都需要佔用我們的精力，若是我們可以想點辦法讓一些事情可以簡單一點，就可以把精力用在更有價值的事物上。特別是投資這件事情，能夠用越簡單的方式進行越好，我想應該不會有人想承認投資是他一切活動的重心，這樣的人理論上應該不多。

更多的人生命的重心是放在追求個人事業的成就、家庭的經營與人際關係上，而這些面向要做好一件事情都不太容易了，更何況是要面面俱到呢？投資當然也是很重要的事情，不論是哪個面向想要做得好，某程度經濟上的支持是必須的，但事實上是有其他的方式可幫助我們投資，卻又不需要花太多的時間做出決策。

常有人說，當越努力就一定可以得到更多的回報，但在投資的領域上，並不見得有這樣的效果，有時投資得越努力反而得到反效果。如同在本書一開始所說的，在 418 檔基金中僅有 34 檔基金的績效會優於被動式ETF，其餘均被擊敗。主動式管理的基金應該算是很勤奮的，對吧？！每天孜孜不倦的拜訪企業，撰寫分析報告，希望能獲得更佳的報酬率，但現實卻很殘酷，最後卻連僅是隨波逐流的 ETF 都無法超越，那這樣努力的意義在哪呢？

　　我們運用這樣的現實所發展的景氣燈號投資法，就可幫助你投資遠離努力看盤的陷阱。只要花一點點的時間看看新聞，就可以簡單做出投資決策，取得還不錯的報酬率。也許你覺得長期持有的 8% 似乎不夠看，也許你覺得搭配景氣燈號策略的 12.78% 還有再提升的空間，但你要想想，放在銀行定存內頂多只是 1% 左右的報酬率，換個標的物加入一點簡單的作法，不僅提升報酬率，也不需要努力看盤，這麼好的事情還不快來試試看嗎？！

附件
台灣證券市場 ETF 清單

代號	基金名稱	追蹤指數	基金類型	上市日期	成立日期	外國成份
0050	元大台灣卓越 50 證券投資信託基金	臺灣 50 指數	國內成分證券指數股票型基金	092/06/30	092/06/25	否
0051	元大台灣中型 100 證券投資信託基金	臺灣中型 100 指數	國內成分證券指數股票型基金	095/08/31	095/08/24	否
0052	富邦台灣科技指數證券投資信託基金	臺灣資訊科技指數	國內成分證券指數股票型基金	095/09/12	095/08/28	否
0053	元大台灣 ETF 傘型證券投資信託基金之電子科技證券投資信託基金	電子類加權股價指數	國內成分證券指數股票型基金	096/07/16	096/07/04	否
0054	元大台灣 ETF 傘型證券投資信託基金之台商收成證券投資信託基金	S&P 台商收成指數	國內成分證券指數股票型基金	096/07/16	096/07/04	否
0055	元大台灣 ETF 傘型證券投資信託基金之金融證券投資信託基金	MSCI 台灣金融指數	國內成分證券指數股票型基金	096/07/16	096/07/04	否
0056	元大台灣高股息證券投資信託基金	臺灣高股息指數	國內成分證券指數股票型基金	096/12/26	096/12/13	否
0057	富邦台灣 ETF 傘型證券投資信託基金之富邦台灣摩根指數股票型證券投資信託基金	MSCI® 臺灣指數	國內成分證券指數股票型基金	097/02/27	097/02/14	否
0058	富邦台灣 ETF 傘型證券投資信託基金之富邦台灣發達指數股票型證券投資信託基金	臺灣發達指數	國內成分證券指數股票型基金	097/02/27	097/02/14	否
0059	富邦台灣 ETF 傘型證券投資信託基金之富邦台灣金融指數股票型證券投資信託基金	金融保險類股指數	國內成分證券指數股票型基金	097/02/27	097/02/14	否
0060	元大新台灣證券投資信託基金	未含電子股 50 指數	國內成分證券指數股票型基金	097/08/18	097/08/06	否
0061	元大標智滬深 300 證券投資信託基金	滬深 300 指數	連結式證券指數股票型基金	098/08/17	098/08/04	是
006203	元大摩臺證券投資信託基金	MSCI® 臺灣指數	國內成分證券指數股票型基金	100/05/12	100/04/21	否
006204	永豐臺灣加權 ETF 證券投資信託基金	臺灣證券交易所發行量加權股價指數	國內成分證券指數股票型基金	100/09/28	100/09/06	否
006205	富邦上証 180 證券投資信託基金	上証 180 指數	國外成分證券指數股票型基金	100/09/26	100/08/30	是
006206	元大中國傘型證券投資信託基金之上證 50 證券投資信託基金	上證 50 指數	國外成分證券指數股票型基金	101/05/11	101/04/25	是
006207	復華滬深 300 A 股證券投資信託基金	滬深 300 指數	國外成分證券指數股票型基金	101/06/22	101/06/05	是
006208	富邦台灣采吉 50 證券投資信託基金	臺灣 50 指數	國內成分證券指數股票型基金	101/07/17	101/06/22	否
00625K	富邦上証 180 證券投資信託基金 - 加掛人民幣 ETF 受益憑證 - 國外成份 / 加掛外幣證券指數股票型基金	上証 180 指數	國外成份 / 加掛外幣證券指數股票型基金	105/08/08	105/08/08	是

（接下頁）

代號	基金名稱	追蹤指數	基金類型	上市日期	成立日期	外國成份
00631L	元大 ETF 傘型證券投資信託基金之台灣 50 單日正向 2 倍證券投資信託基金	臺灣 50 指數	槓桿 / 反向指數股票型基金	103/10/31	103/10/23	否
00632R	元大 ETF 傘型證券投資信託基金之台灣 50 單日反向 1 倍證券投資信託基金	臺灣 50 指數	槓桿 / 反向指數股票型基金	103/10/31	103/10/23	否
00633L	富邦中國 ETF 傘型證券投資信託基金之富邦上証 180 單日正向兩倍證券投資信託基金	上証 180 兩倍槓桿指數	槓桿 / 反向指數股票型基金	103/11/25	103/11/11	是
00634R	富邦中國 ETF 傘型證券投資信託基金之富邦上証 180 單日反向一倍證券投資信託基金	上証 180 反向指數	槓桿 / 反向指數股票型基金	103/11/25	102/11/11	是
00635U	元大標普高盛黃金 ER 指數股票型期貨信託基金	標普高盛黃金 ER 指數	指數股票型期貨信託基金	104/04/15	104/04/01	是
00636	國泰富時中國 A50 證券投資信託基金	富時中國 A50 指數	國外成分證券指數股票型基金	104/04/01	104/03/20	是
00636K	國泰富時中國 A50 證券投資信託基金 (加掛美元受益憑證)- 國外成份 / 加掛外幣證券指數股票型基金	富時中國 A50 指數	國外成份 / 加掛外幣證券指數股票型基金	106/10/24	106/10/24	是
00637L	元大滬深 300 傘型證券投資信託基金之滬深 300 單日正向 2 倍證券投資信託基金	滬深 300 日報酬正向兩倍指數	槓桿 / 反向指數股票型基金	104/05/18	104/05/06	是
00638R	元大滬深 300 傘型證券投資信託基金之滬深 300 單日反向 1 倍證券投資信託基金	滬深 300 日報酬反向一倍指數	槓桿 / 反向指數股票型基金	104/05/18	104/05/06	是
00639	富邦深証 100 證券投資信託基金	深証 100 指數	國外成分證券指數股票型基金	104/06/09	104/05/20	是
00640L	富邦日本 ETF 傘型證券投資信託基金之富邦日本東証單日正向兩倍證券投資信託基金	東証正向二倍指數	槓桿 / 反向指數股票型基金	104/09/10	104/08/27	是
00641R	富邦日本 ETF 傘型證券投資信託基金之富邦日本東証單日反向一倍證券投資信託基金	東証反向一倍指數	槓桿 / 反向指數股票型基金	104/09/10	104/08/27	是
00642U	元大標普高盛原油 ER 指數股票型期貨信託基金	標普高盛原油增強超額回報指數	指數股票型期貨信託基金	104/09/07	104/08/27	是
00643	群益深証中小 100 證券投資信託基金	中小企業 100 指數	國外成分證券指數股票型基金	104/12/02	104/11/12	是
00643K	群益深証中小 100 證券投資信託基金加掛一人民幣 ETF 受益憑證 - 國外成份 / 加掛外幣證券指數股票型基金	中小企業 100 指數	國外成份 / 加掛外幣證券指數股票型基金	105/08/26	104/11/12	是
00645	富邦日本東証證券投資信託基金	東證股價指數	國外成分證券指數股票型基金	104/11/06	104/10/28	是
00646	元大標普 500 傘型證券投資信託基金之標普 500 證券投資信託基金	標普 500 指數	國外成分證券指數股票型基金	104/12/14	104/12/02	是
00647L	元大標普 500 傘型證券投資信託基金之標普 500 單日正向 2 倍證券投資信託基金	標普 500 2 倍槓桿指數	槓桿 / 反向指數股票型基金	104/12/14	104/12/02	是
00648R	元大標普 500 傘型證券投資信託基金之標普 500 單日反向 1 倍證券投資信託基金	標普 500 反向指數	槓桿 / 反向指數股票型基金	104/12/14	104/12/02	是
00649	復華香港 ETF 傘型證券投資信託基金之復華恒生證券投資信託基金	恒生指數	國外成分證券指數股票型基金	105/01/27	105/01/13	是
00650L	復華香港 ETF 傘型證券投資信託基金之復華恒生單日正向二倍證券投資信託基金	恒指槓桿指數	槓桿 / 反向指數股票型基金	105/01/27	105/01/13	是
00651R	復華香港 ETF 傘型證券投資信託基金之復華恒生單日反向一倍證券投資信託基金	恒指短倉指數	槓桿 / 反向指數股票型基金	105/01/27	105/01/13	是

（接下頁）

代號	基金名稱	追蹤指數	基金類型	上市日期	成立日期	外國成份
00652	富邦印度 ETF 傘型證券投資信託基金之富邦印度 NIFTY 證券投資信託基金	NIFTY 指數	國外成分證券指數股票型基金	105/03/29	105/03/16	是
00653L	富邦印度 ETF 傘型證券投資信託基金之富邦印度 NIFTY 單日正向兩倍證券投資信託基金	NIFTY 正向 2 倍指數	槓桿 / 反向指數股票型基金	105/03/29	105/03/16	是
00654R	富邦印度 ETF 傘型證券投資信託基金之富邦印度 NIFTY 單日反向一倍證券投資信託基金	NIFTY 反向 1 倍指數	槓桿 / 反向指數股票型基金	105/03/29	105/03/16	是
00655L	國泰 A50 傘型證券投資信託基金之富時中國 A50 單日正向 2 倍證券投資信託基金	富時中國 A50 兩倍槓桿指數	槓桿 / 反向指數股票型基金	105/03/18	105/03/08	是
00656R	國泰 A50 傘型證券投資信託基金之富時中國 A50 單日反向 1 倍證券投資信託基金	富時中國 A50 反向指數	槓桿 / 反向指數股票型基金	105/03/18	105/03/08	是
00657	國泰日本 ETF 傘型證券投資信託基金之日經 225 證券投資信託基金	日經 225	國外成分證券指數股票型基金	105/05/09	105/04/25	是
00657K	國泰日經 225 證券投資信託基金 (加掛美元受益憑證)- 國外成份 / 加掛外幣證券指數股票型基金	日經 225	國外成份 / 加掛外幣證券指數股票型基金	106/10/24	106/10/24	是
00658L	國泰日本 ETF 傘型證券投資信託基金之富時日本單日正向 2 倍證券投資信託基金	富時日本單日正向 2 倍指數	槓桿 / 反向指數股票型基金	105/05/09	105/04/25	是
00659R	國泰日本 ETF 傘型證券投資信託基金之富時日本單日反向 1 倍證券投資信託基金	富時日本單日反向 1 倍指數	槓桿 / 反向指數股票型基金	105/05/09	105/04/25	是
00660	元大已開發國家傘型證券投資信託基金之元大歐洲 50 證券投資信託基金	歐洲 STOXX50 指數	國外成分證券指數股票型基金	105/06/15	105/06/01	是
00661	元大已開發國家傘型證券投資信託基金之元大日經 225 證券投資信託基金	日經 225 指數	國外成分證券指數股票型基金	105/06/15	105/06/01	是
00662	富邦 NASDAQ-100 證券投資信託基金	NASDAQ-100 指數	國外成分證券指數股票型基金	105/06/17	105/06/03	是
00663L	國泰臺指 ETF 傘型證券投資信託基金之臺灣加權指數單日正向 2 倍證券投資信託基金	臺灣加權指數單日正向 2 倍指數	槓桿 / 反向指數股票型基金	105/07/14	105/07/01	否
00664R	國泰臺指 ETF 傘型證券投資信託基金之臺灣加權指數單日反向 1 倍證券投資信託基金	臺灣證券交易所發行量加權股價日報酬反向一倍指數	槓桿 / 反向指數股票型基金	105/07/14	105/07/01	否
00665L	富邦恒生國企 ETF 傘型證券投資信託基金之富邦恒生國企單日正向兩倍證券投資信託基金	恒生國企槓桿指數	槓桿 / 反向指數股票型基金	105/08/05	105/07/21	是
00666R	富邦恒生國企 ETF 傘型證券投資信託基金之富邦恒生國企單日反向一倍證券投資信託基金	恒生國企短倉指數	槓桿 / 反向指數股票型基金	105/08/05	105/07/21	是
00667	元大韓國 KOSPI 200 證券投資信託基金	KOSPI 200 指數	國外成分證券指數股票型基金	105/10/07	105/09/30	是
00668	國泰美國 ETF 傘型證券投資信託基金之道瓊工業平均指數證券投資信託基金	道瓊斯工業平均指數	國外成分證券指數股票型基金	105/10/17	105/10/03	是
00668K	國泰道瓊工業平均指數證券投資信託基金 (加掛美元受益憑證)- 國外成份 / 加掛外幣證券指數股票型基金	道瓊斯工業平均指數	國外成份 / 加掛外幣證券指數股票型基金	106/10/24	106/10/24	是
00669R	國泰美國 ETF 傘型證券投資信託基金之道瓊工業平均指數單日反向 1 倍證券投資信託基金	道瓊斯工業平均單日反向指數	槓桿 / 反向指數股票型基金	105/10/17	105/10/03	是
00670L	富邦 NASDAQ-100 ETF 傘型證券投資信託基金之富邦 NASDAQ-100 單日正向兩倍證券投資信託基金	NASDAQ-100 正向 2 倍指數	槓桿 / 反向指數股票型基金	106/02/21	106/02/14	是

（接下頁）

代號	基金名稱	追蹤指數	基金類型	上市日期	成立日期	外國成份
00671R	富邦 NASDAQ-100 ETF 傘型證券投資信託基金之富邦 NASDAQ-100 單日反向一倍證券投資信託基金	NASDAQ-100 反向1倍指數	槓桿／反向指數股票型基金	106/02/21	105/02/14	是
00672L	元大標普油金傘型期貨信託基金之元大標普高盛原油 ER 單日正向2倍指數股票型期貨信託基金	標普高盛原油日報酬正向兩倍 ER 指數	槓桿／反向指數股票型基金	105/10/07	105/09/30	是
00673R	元大標普油金傘型期貨信託基金之元大標普高盛原油 ER 單日反向1倍指數股票型期貨信託基金	標普高盛原油日報酬反向一倍 ER 指數	槓桿／反向指數股票型基金	105/10/07	105/09/30	是
00674R	元大標普油金傘型期貨信託基金之元大標普高盛黃金 ER 單日反向1倍指數股票型期貨信託基金	標普高盛黃金日報酬反向一倍 ER 指數	槓桿／反向指數股票型基金	105/10/07	105/09/30	是
00675L	富邦臺灣加權 ETF 傘型證券投資信託基金之富邦臺灣加權單日正向兩倍證券投資信託基金	臺灣證券交易所發行量加權股價日報酬正向兩倍指數	槓桿／反向指數股票型基金	105/10/05	105/09/23	否
00676R	富邦臺灣加權 ETF 傘型證券投資信託基金之富邦臺灣加權單日反向一倍證券投資信託基金	臺灣證券交易所發行量加權股價日報酬反向一倍指數	槓桿／反向指數股票型基金	105/10/05	105/09/23	否
00677U	富邦標普 500 波動率短期期貨 ER 指數股票型期貨信託基金	標普 500 波動率短期期貨 ER 指數	指數股票型期貨信託基金	105/12/30	105/12/22	是
00678	群益那斯達克生技證券投資信託基金	那斯達克生技指數(NBI)	國外成分證券指數股票型基金	106/01/16	106/01/09	是
00680L	元大美國政府 20 年期（以上）債券 ETF 傘型證券投資信託基金之元大美國政府 20 年期（以上）債券單日正向2倍證券投資信託基金	ICE 美國政府 20+年期債券 2 倍槓桿指數	槓桿／反向指數股票型基金	106/01/17	106/01/11	是
00681R	元大美國政府 20 年期（以上）債券 ETF 傘型證券投資信託基金之元大美國政府 20 年期（以上）債券單日反向1倍證券投資信託基金	ICE 美國政府 20+年期債券 1 倍反向指數	槓桿／反向指數股票型基金	106/01/17	106/01/11	是
00682U	元大標普美元指數傘型期貨信託基金之元大標普美元 ER 指數股票型期貨信託基金	標普美元 ER 指數	指數股票型期貨信託基金	106/03/14	106/03/06	是
00683L	元大標普美元指數傘型期貨信託基金之元大標普美元 ER 單日正向2倍指數股票型期貨信託基金	標普美元日報酬正向兩倍 ER 指數	槓桿／反向指數股票型基金	106/03/14	106/03/06	是
00684R	元大標普美元指數傘型期貨信託基金之元大標普美元 ER 單日反向1倍指數股票型期貨信託基金	標普美元日報酬反向一倍 ER 指數	槓桿／反向指數股票型基金	106/03/14	106/03/06	是
00685L	群益臺灣加權指數 ETF 傘型證券投資信託基金之群益臺灣加權指數單日正向2倍證券投資信託基金	臺灣證券交易所發行量加權股價日報酬正向兩倍指數	槓桿／反向指數股票型基金	106/03/30	106/03/23	否
00686R	群益臺灣加權指數 ETF 傘型證券投資信託基金之群益臺灣加權指數單日反向1倍證券投資信託基金	臺灣證券交易所發行量加權股價日報酬反向一倍指數	槓桿／反向指數股票型基金	106/03/30	106/03/23	否
00688L	國泰美國債券 ETF 傘型證券投資信託基金之 20 年期（以上）美國公債指數單日正向2倍證券投資信託基金（原名：國泰美國債券 ETF 傘型證券投資信託基金之彭博巴克萊 20 年期（以上）美國公債指數單日正向2倍證券投資信託基金）	彭博20年期（以上）美國公債單日正向2倍指數	槓桿／反向指數股票型基金	106/04/13	106/04/06	是

（接下頁）

代號	基金名稱	追蹤指數	基金類型	上市日期	成立日期	外國成份
00689R	國泰美國債券 ETF 傘型證券投資信託基金之 20 年期（以上）美國公債指數單日反向 1 倍證券投資信託基金（原名：國泰美國債券 ETF 傘型證券投資信託基金之彭博巴克萊 20 年期（以上）美國公債指數單日反向 1 倍證券投資信託基金）	彭博 20 年期（以上）美國公債單日反向 1 倍指數	槓桿 / 反向指數股票型基金	106/04/13	106/04/06	是
00690	兆豐臺灣藍籌 30ETF 傘型證券投資信託基金之兆豐臺灣藍籌 30 ETF 證券投資信託基金	藍籌 30 指數	國內成分證券指數股票型基金	106/03/31	106/03/27	否
00691R	兆豐國際臺灣藍籌 30ETF 傘型證券投資信託基金之兆豐國際臺灣藍籌 30 單日反向一倍 ETF 證券投資信託基金	藍籌 30 反向一倍指數	槓桿 / 反向指數股票型基金	106/03/31	106/03/27	否
00692	富邦臺灣公司治理 100 證券投資信託基金	臺灣證券交易所公司治理 100 指數	國內成分證券指數股票型基金	106/05/17	106/05/04	否
00693U	街口標普高盛黃豆 ER 指數股票型期貨信託基金	標普高盛黃豆 ER 指數 (S&P GSCI Soybeans ER Index)	指數股票型期貨信託基金	106/04/25	106/04/17	是
00698L	元大美國政府 7 至 10 年期債券 ETF 傘型證券投資信託基金之元大美國政府 7 至 10 年期債券單日正向 2 倍證券投資信託基金	ICE 美國政府 7-10 年期債券 2 倍槓桿指數	槓桿 / 反向指數股票型基金	106/06/23	106/06/15	是
00699R	元大美國政府 7 至 10 年期債券 ETF 傘型證券投資信託基金之元大美國政府 7 至 10 年期債券單日反向 1 倍證券投資信託基金	ICE 美國政府 7-10 年期債券 1 倍反向指數	槓桿 / 反向指數股票型基金	106/06/23	106/06/15	是
00700	富邦恒生國企 ETF 證券投資信託基金	恒生中國企業指數	國外成分證券指數股票型基金	106/07/28	106/07/21	是
00701	國泰低波動 ETF 傘型證券投資信託基金之臺灣低波動股利精選 30 證券投資信託基金	臺灣指數公司低波動精選 30 指數	國內成分證券指數股票型基金	106/08/17	106/08/09	否
00702	國泰低波動 ETF 傘型證券投資信託基金之美國標普 500 低波動高股息證券投資信託基金	標普 500 低波動高股息指數	國外成分證券指數股票型基金	106/08/17	106/08/09	是
00703	台新 MSCI 新興市場國家傘型 ETF 證券投資信託基金之台新 MSCI 中國證券投資信託基金	MSCI 中國指數	國外成分證券指數股票型基金	106/08/10	106/08/02	是
00704L	台新 MSCI 新興市場國家傘型 ETF 證券投資信託基金之台新 MSCI 台灣單日正向 2 倍證券投資信託基金	MSCI 台灣正向 2 倍指數	槓桿 / 反向指數股票型基金	106/08/10	106/08/02	否
00705R	台新 MSCI 新興市場國家傘型 ETF 證券投資信託基金之台新 MSCI 台灣單日反向 1 倍證券投資信託基金	MSCI 台灣反向 1 倍指數	槓桿 / 反向指數股票型基金	106/08/10	106/08/02	否
00706L	元大標普日圓傘型期貨信託基金之元大標普日圓 ER 單日正向 2 倍指數股票型期貨信託基金	標普日圓期貨日報酬正向 2 倍 ER 指數	槓桿 / 反向指數股票型基金	106/09/01	106/08/23	是
00707R	元大標普日圓傘型期貨信託基金之元大標普日圓 ER 單日反向 1 倍指數股票型期貨信託基金	標普日圓期貨日報酬反向 1 倍 ER 指數	槓桿 / 反向指數股票型基金	106/09/01	106/08/23	是
00708L	元大標普日圓傘型期貨信託基金之元大標普高盛黃金 ER 單日正向 2 倍指數股票型期貨信託基金	標普高盛黃金日報酬正向兩倍 ER 指數	槓桿 / 反向指數股票型基金	106/09/01	106/08/23	是
00709	富邦富時歐洲 ETF 證券投資信託基金	富時發展歐洲指數	國外成分證券指數股票型基金	106/08/15	106/08/07	是

（接下頁）

代號	基金名稱	追蹤指數	基金類型	上市日期	成立日期	外國成份
00710B	復華全球收益 ETF 傘型證券投資信託基金之復華 1 至 5 年期非投資等級債券證券投資信託基金	彭博 1 至 5 年期美元高收益債券（不含中國）發行量五億美元產業 10% 上限指數	國外成分證券指數股票型基金	106/08/21	106/08/09	是
00711B	復華全球收益 ETF 傘型證券投資信託基金之復華新興市場 10 年期以上債券證券投資信託基金	彭博新興市場 10 年期以上美元投資等級債券（不含中國）國家 10% 上限指數	國外成分證券指數股票型基金	106/08/21	106/08/09	是
00712	復華全球收益 ETF 傘型證券投資信託基金之復華富時不動產證券化證券投資信託基金	富時 NAREIT 抵押權型不動產投資信託指數	國外成分證券指數股票型基金	106/08/21	106/08/09	是
00713	元大台灣高股息低波動 ETF 證券投資信託基金	臺灣指數公司特選高股息低波動指數	國內成分證券指數股票型基金	106/09/27	106/09/19	否
00714	群益道瓊美國地產 ETF 證券投資信託基金	道瓊美國地產指數 (Dow Jones U.S. Real Estate Index)	國外成分證券指數股票型基金	106/10/27	106/10/20	是
00715L	街口標普高盛布蘭特原油 ER 單日正向 2 倍指數股票型期貨信託基金	標普高盛布蘭特原油日報酬正向兩倍 ER 指數	槓桿／反向指數股票型基金	106/11/16	106/11/08	是
00716R	華頓標普高盛布蘭特原油傘型期貨信託基金之華頓標普高盛布蘭特原油 ER 單日反向 1 倍指數股票型期貨信託基金	標普高盛布蘭特原油日報酬反向一倍 ER 指數	指數股票型期貨信託基金	106/11/16	106/11/08	是
00717	富邦標普美國特別股 ETF 證券投資信託基金	標普美國特別股指數	國外成分證券指數股票型基金	106/11/29	106/11/13	是
00728	第一金臺灣工業菁英 30ETF 傘型證券投資信託基金之第一金臺灣工業菁英 30 ETF 證券投資信託基金	臺灣工業菁英 30 指數	國內成分證券指數股票型基金	107/04/18	107/04/10	否
00729R	第一金臺灣工業菁英 30ETF 傘型證券投資信託基金之第一金臺灣工業菁英 30 單日反向一倍 ETF 證券投資信託基金	臺灣工業菁英 30 日報酬反向一倍指數	槓桿／反向指數股票型基金	107/04/18	107/04/10	否
00730	富邦道瓊臺灣優質高息 30ETF 證券投資信託基金	道瓊斯台灣優質高股息 30 指數	國內成分證券指數股票型基金	107/02/08	107/01/30	否
00731	復華富時台灣高股息低波動證券投資信託基金	富時台灣高股息低波動指數	國內成分證券指數股票型基金	107/04/20	107/04/12	否
00732	國泰優勢收益傘型證券投資信託基金之富時人民幣短期報酬 ETF 證券投資信託基金	富時中國國債及政策性銀行債券 0-1 年精選指數	國外成分證券指數股票型基金	107/05/14	107/05/04	是
00733	富邦臺灣中小 A 級動能 50 ETF 證券投資信託基金	臺灣指數公司中小型 A 級動能 50 指數	國內成分證券指數股票型基金	107/05/17	107/05/04	否
00735	國泰趨勢 ETF 傘型證券投資信託基金之臺韓科技證券投資信託基金	臺韓資訊科技指數	國外成分證券指數股票型基金	107/06/11	107/05/29	是
00736	國泰趨勢 ETF 傘型證券投資信託基金之富時新興市場證券投資信託基金	富時新興市場（納入 A 股）指數	國外成分證券指數股票型基金	107/06/11	107/05/29	是
00737	國泰趨勢 ETF 傘型證券投資信託基金之納斯達克全球人工智慧及機器人證券投資信託基金	納斯達克 CTA 全球人工智慧及機器人指數	國外成分證券指數股票型基金	107/06/11	107/05/29	是

（接下頁）

代號	基金名稱	追蹤指數	基金類型	上市日期	成立日期	外國成份
00738U	元大道瓊白銀 ER 指數股票型期貨信託基金	道瓊白銀 ER 指數	指數股票型期貨信託基金	107/06/01	107/05/23	是
00739	元大 MSCI 中國 A 股國際通 ETF 證券投資信託基金	MSCI 中國 A 股國際通指數	國外成分證券指數股票型基金	107/06/27	107/06/19	是
00742	新光特選內需收益 ETF 證券投資信託基金	臺灣指數公司特選內需高收益指數	國內成分證券指數股票型基金	107/06/22	107/06/12	否
00743	國泰新中國傘型證券投資信託基金之富時中國 A150ETF 證券投資信託基金	富時中國 A150 指數	國外成分證券指數股票型基金	107/08/03	107/07/25	是
00752	中國信託中國外資自由投資 50 不含 A 及 B 股傘型 ETF 證券投資信託基金之中國信託 MSCI 中國外資自由 50 不含 A 及 B 股 ETF 證券投資信託基金	MSCI 中國外資自由投資 50 不含 A 及 B 股指數	國外成分證券指數股票型基金	107/10/31	107/10/24	是
00753L	中國信託中國外資自由投資 50 不含 A 及 B 股傘型 ETF 證券投資信託基金之中國信託 MSCI 中國外資自由投資 50 不含 A 及 B 股單日正向 2 倍 ETF 證券投資信託基金	MSCI 中國外資自由投資 50 不含 A 及 B 股單日正向 2 倍指數	槓桿 / 反向指數股票型基金	107/10/31	107/10/24	是
00757	統一 NYSE FANG+ ETF 證券投資信託基金	NYSE FANG+ Index	國外成分證券指數股票型基金	107/12/06	107/11/27	是
00762	元大全球人工智慧 ETF 證券投資信託基金	STOXX 全球人工智慧指數	國外成分證券指數股票型基金	108/01/23	108/01/16	是
00763U	街口道瓊銅 ER 指數股票型期貨信託基金	道瓊銅 ER 指數 (Dow Jones Commodity Index North American Copper ER)	指數股票型期貨信託基金	107/12/19	107/12/12	是
00766L	台新 MSCI 中國外資自由投資單日正向 2 倍 ETF 證券投資信託基金	MSCI 中國外資自由投資單日正向 2 倍指數	槓桿 / 反向指數股票型基金	108/01/23	108/01/16	是
00767	復華多元資產傘型證券投資信託基金之復華美國金融服務業股票 ETF 證券投資信託基金	道瓊斯美國金融服務業指數	國外成分證券指數股票型基金	108/01/28	108/01/15	是
00770	國泰標普北美科技 ETF 證券投資信託基金	標普北美科技行業指數	國外成分證券指數股票型基金	108/01/29	108/01/22	是
00771	元大標普美國高息特別股 ETF 證券投資信託基金	標普美國高收益特別股指數	國外成分證券指數股票型基金	108/05/16	108/04/25	是
00774B	新光全方位收益 ETF 傘型證券投資信託基金之新光中國 10 年期國債及政策金融附加綠債債券 ETF 證券投資信託基金	中債 -10 年期國債及政策銀行債綠色增強指數	國外成分證券指數股票型基金	108/02/27	108/01/25	是
00774C	新光全方位收益 ETF 傘型證券投資信託基金之新光中國 10 年期國債及政策金融附加綠債債券 ETF 證券投資信託基金 - 加掛人民幣 ETF 受益憑證 - 國外成份 / 加掛外幣證券指數股票型基金	中債 -10 年期國債及政策銀行債綠色增強指數	國外成份 / 加掛外幣證券指數股票型基金	108/08/28	108/07/01	是
00775B	新光全方位收益 ETF 傘型證券投資信託基金之新光富時 15 年以上特選產業美元投資等級債券 ETF 證券投資信託基金	富時 15 年期以上投資等級債券指數	國外成分證券指數股票型基金	108/02/15	108/01/25	是
00776	新光全方位收益 ETF 傘型證券投資信託基金之新光 NYSE 美國核心大型權值股 ETF 證券投資信託基金	NYSE 美國核心大型權值股指數	國外成分證券指數股票型基金	108/02/15	108/01/25	是

（接下頁）

代號	基金名稱	追蹤指數	基金類型	上市日期	成立日期	外國成份
00783	富邦多元收益 II ETF 傘型證券投資信託基金之富邦中國中証中小 500ETF 證券投資信託基金	中証小盤 500 指數	國外成分證券指數股票型基金	108/03/27	108/03/20	是
0080	恒生 H 股指數股票型基金	恒生 H 股指數	境外指數股票型基金	098/08/14	092/11/19	是
0081	恒生指數股票型基金	恒生指數	境外指數股票型基金	098/08/14	093/09/13	是
008201	標智上證 50 中國指數基金（本基金配息來源可能為本金）	上證 50 指數	境外指數股票型基金	099/12/08	098/04/09	是
00830	國泰大三元 ETF 傘型證券投資信託基金之美國費城半導體證券投資信託基金	美國費城半導體指數	國外成分證券指數股票型基金	108/05/03	108/04/23	是
00850	元大臺灣 ESG 永續 ETF 證券投資信託基金	臺灣永續指數	國內成分證券指數股票型基金	108/08/23	108/08/15	否
00851	台新 SG 全球 AI 機器人精選 ETF 證券投資信託基金	SG 全球 AI 機器人精選指數	國外成分證券指數股票型基金	108/08/12	108/07/30	是
00852L	國泰道瓊工業平均指數單日正向 2 倍證券投資信託基金	道瓊斯工業平均單日正向 2 倍指數	槓桿 / 反向指數股票型基金	108/08/22	108/08/15	是
00861	元大全球未來通訊 ETF 證券投資信託基金	ICE FactSet 全球未來通訊指數	國外成分證券指數股票型基金	108/11/19	108/11/11	是
00865B	國泰美國收益傘型證券投資信託基金之美國短期公債 ETF 證券投資信託基金	彭博美國短期公債收益指數	國外成分證券指數股票型基金	108/11/25	108/11/15	是
00866	新光優質收益 ETF 傘型證券投資信託基金之新光 Shiller Barclays CAPE® 美國產業價值投資 ETF 證券投資信託基金	Shiller Barclays CAPE® 美國產業價值投資指數	國外成分證券指數股票型基金	108/11/19	108/11/08	是
00875	國泰網路資安 ETF 證券投資信託基金	納斯達克 ISE 全球網路資安指數	國外成分證券指數股票型基金	109/03/30	109/03/23	是
00876	元大全球 5G 關鍵科技 ETF 證券投資信託基金（原名：元大全球未來關鍵科技 ETF 證券投資信託基金）	iSTOXX 全球 5G 關鍵科技指數	國外成分證券指數股票型基金	109/07/07	109/06/22	是
00878	國泰台灣高股息傘型證券投資信託基金之台灣 ESG 永續高股息 ETF 證券投資信託基金	MSCI 臺灣 ESG 永續高股息精選 30 指數	國內成分證券指數股票型基金	109/07/20	109/07/10	否
00881	國泰台灣 5G PLUS ETF 證券投資信託基金	臺灣指數公司特選臺灣上市上櫃 FactSet 5G+ 通訊指數	國內成分證券指數股票型基金	109/12/10	109/12/01	否
00882	中國信託全球收益 ETF 傘型證券投資信託基金之中國信託恒生中國高股息 ETF 證券投資信託基金	恒生中國高股息率指數	國外成分證券指數股票型基金	110/02/04	110/01/27	是
00885	富邦富時越南 ETF 證券投資信託基金	富時越南 30 指數	國外成分證券指數股票型基金	110/04/19	110/03/30	是
00891	中國信託臺灣 ESG 永續關鍵半導體 ETF 證券投資信託基金	ICE FactSet 臺灣 ESG 永續關鍵半導體指數	國內成分證券指數股票型基金	110/05/28	110/05/20	否
00892	富邦台灣核心半導體 ETF 證券投資信託基金	ICE FactSet 台灣核心半導體指數	國內成分證券指數股票型基金	110/06/10	110/06/02	否
00893	國泰全球智能電動車 ETF 證券投資信託基金	ICE FactSet 全球智能電動車指數	國外成分證券指數股票型基金	110/07/01	110/06/21	是

（接下頁）

代號	基金名稱	追蹤指數	基金類型	上市日期	成立日期	外國成份
00894	中國信託特選小資高價 30ETF 證券投資信託基金	臺灣指數公司特選小資高價 30 指數	國內成分證券指數股票型基金	110/08/13	110/08/05	否
00895	富邦未來車 ETF 證券投資信託基金	MSCI ACWI IMI 精選未來車 30 指數	國外成分證券指數股票型基金	110/08/12	110/08/02	是
00896	中國信託臺灣綠能及電動車 ETF 證券投資信託基金	臺灣指數公司特選臺灣上市上櫃綠能及電動車指數	國內成分證券指數股票型基金	110/09/16	110/09/09	否
00897	富邦基因免疫生技 ETF 證券投資信託基金	NYSE FactSet 全球基因免疫生技指數	國外成分證券指數股票型基金	110/10/04	110/09/24	是
00898	國泰全球基因免疫與醫療革命 ETF 證券投資信託基金	Solactive 全球基因免疫與醫療革命指數	國外成分證券指數股票型基金	110/11/22	110/11/11	是
00899	富蘭克林華美全球潔淨能源 ETF 證券投資信託基金	標普全球潔淨能源精選指數	國外成分證券指數股票型基金	111/01/21	111/01/12	是
00900	富邦特選台灣高股息 30 ETF 證券投資信託基金	特選臺灣高股息 30 指數	國內成分證券指數股票型基金	110/12/22	110/12/14	否
00901	永豐台灣智能車供應鏈 ETF 證券投資信託基金	臺灣指數公司特選上市上櫃臺灣智能車供應鏈聯盟指數	國內成分證券指數股票型基金	110/12/15	110/12/06	否
00902	中國信託電池及儲能科技 ETF 證券投資信託基金	ICE FactSet 電池與儲能科技指數	國外成分證券指數股票型基金	111/01/25	111/01/18	是
00903	富邦元宇宙 ETF 證券投資信託基金	Solactive 元宇宙指數	國外成分證券指數股票型基金	111/01/24	111/01/14	是
00904	新光臺灣全市場半導體精選 30ETF 證券投資信託基金	臺灣指數公司臺灣全市場半導體精選 30 指數	國內成分證券指數股票型基金	111/03/07	111/02/23	否
00905	富蘭克林華美臺灣 Smart ETF 證券投資信託基金	臺灣指數公司特選 Smart 多因子指數	國內成分證券指數股票型基金	111/04/21	111/04/13	否
00906	大華銀元宇宙科技與服務 ETF 證券投資信託基金	Solactive 元宇宙科技與服務指數	國外成分證券指數股票型基金	111/05/17	111/05/06	是
00907	永豐台灣優選入息存股 ETF 證券投資信託基金	臺灣指數公司特選臺灣優選入息存股指數	國內成分證券指數股票型基金	111/05/24	111/05/17	否
00908	富邦全球入息不動產與基礎建設 ETF 證券投資信託基金	全球入息不動產與基礎建設指數	國外成分證券指數股票型基金	111/05/20	111/05/10	是
00911	兆豐洲際半導體 ETF 證券投資信託基金	洲際半導體指數	國外成分證券指數股票型基金	111/06/27	111/06/17	是
00912	中國信託臺灣智慧 50ETF 證券投資信託基金	臺灣指數公司特選臺灣上市上櫃智慧 50 指數	國內成分證券指數股票型基金	111/06/29	111/06/22	否
006201	元大櫃買 ETF 傘型證券投資信託基金之富櫃 50 證券投資信託基金	櫃買中心富櫃五十指數	國內成分證券指數股票型基金	100/01/27	100/01/12	否
006202	元大寶來櫃買 ETF 傘型證券投資信託基金之富盈債券證券投資信託基金		國內成分證券指數股票型基金	100/01/27	100/01/12	否
00679B	元大美國政府 20 年期（以上）債券 ETF 傘型證券投資信託基金之元大美國政府 20 年期（以上）債券證券投資信託基金	ICE 美國政府 20+ 年期債券指數	國外成分證券指數股票型基金	106/01/17	106/01/11	是

（接下頁）

代號	基金名稱	追蹤指數	基金類型	上市日期	成立日期	外國成份
00687B	國泰美國債券 ETF 傘型證券投資信託基金之20 年期（以上）美國公債指數證券投資信託基金（原名：國泰美國債券 ETF 傘型證券投資信託基金之彭博巴克萊 20 年期（以上）美國公債指數證券投資信託基金）	彭博 20 年期（以上）美國公債指數	國外成分證券指數股票型基金	106/04/13	106/04/06	是
00694B	富邦美國政府債券 ETF 傘型證券投資信託基金之富邦美國政府債券 1-3 年期證券投資信託基金	富時美國政府債券 1-3 年期指數	國外成分證券指數股票型基金	106/06/08	106/05/31	是
00695B	富邦美國政府債券 ETF 傘型證券投資信託基金之富邦美國政府債券 7-10 年期證券投資信託基金	富時美國政府債券 7-10 年期指數	國外成分證券指數股票型基金	106/06/08	106/05/31	是
00696B	富邦美國政府債券 ETF 傘型證券投資信託基金之富邦美國政府債券 20 年期以上證券投資信託基金	富時美國政府債券 20 年期以上指數	國外成分證券指數股票型基金	106/06/08	106/05/31	是
00697B	元大美國政府 7 至 10 年期債券 ETF 傘型證券投資信託基金之元大美國政府 7 至 10 年期債券證券投資信託基金	ICE 美國政府 7-10 年期債券指數	國外成分證券指數股票型基金	106/06/23	106/06/15	是
00718B	富邦中國政策金融債券 ETF 證券投資信託基金	彭博巴克萊中國政策金融債指數	國外成分證券指數股票型基金	107/02/08	107/01/19	是
00719B	元大多元債券 ETF 傘型證券投資信託基金之元大美國政府 1 至 3 年期債券 ETF 證券投資信託基金	ICE 美國政府 1-3 年期債券指數	國外成分證券指數股票型基金	107/02/01	107/01/19	是
00720B	元大多元債券 ETF 傘型證券投資信託基金之元大 20 年期以上 BBB 級美元公司債券 ETF 證券投資信託基金	彭博美國 20+ 年期 BBB 公司債流動性指數	國外成分證券指數股票型基金	107/02/01	107/01/19	是
00721B	元大多元債券 ETF 傘型證券投資信託基金之元大中國國債及政策性金融債 3 至 5 年期債券 ETF 證券投資信託基金	彭博中國國債及政策性金融債 3-5 年期債券指數	國外成分證券指數股票型基金	107/02/01	107/01/19	是
00722B	群益產業型投資等級公司債 ETF 傘型之群益 15 年期以上電信業公司債 ETF 基金	ICE BofA 15 年期以上美元電信業公司債指數	國外成分證券指數股票型基金	106/12/15	106/12/08	是
00723B	群益產業型投資等級公司債 ETF 傘型之群益 15 年期以上科技業公司債 ETF 基金	ICE BofA 15 年期以上美元科技業公司債指數	國外成分證券指數股票型基金	106/12/15	106/12/08	是
00724B	群益產業型投資等級公司債 ETF 傘型之群益 10 年期以上金融債 ETF 基金	ICE BofA 10 年期以上美元金融債指數	國外成分證券指數股票型基金	106/12/15	106/12/08	是
00725B	國泰息收 ETF 傘型證券投資信託基金之 10 年期（以上）BBB 美元息收公司債券證券投資信託基金（原名：國泰息收 ETF 傘型證券投資信託基金之彭博巴克萊 10 年期（以上）BBB 美元息收公司債券證券投資信託基金）	彭博 10 年期以上 BBB 美元息收公司債（中國除外）指數	國外成分證券指數股票型基金	107/02/07	107/01/29	是
00726B	國泰新興市場 5 年期（以上）美元息收投資等級債券基金（原名：國泰彭博巴克萊新興市場 5 年期（以上）美元息收投資等級債券基金）	彭博新興市場 5 年期以上美元息收投資等級債（中國除外）指數	國外成分證券指數股票型基金	107/02/07	107/01/29	是
00727B	國泰優選 1-5 年美元非投資級債券基金（原名：國泰優選 1-5 年美元高收益債券基金）（原名：國泰彭博巴克萊優選 1-5 年美元高收益債券基金）	彭博優選短期美元高收債（中國除外）指數	國外成分證券指數股票型基金	107/02/07	107/01/29	是

（接下頁）

代號	基金名稱	追蹤指數	基金類型	上市日期	成立日期	外國成份
00734B	台新摩根大通新興市場投資等級美元債券 ETF 證券投資信託基金	摩根大通新興市場投資等級債核心指數	國外成分證券指數股票型基金	107/05/24	107/05/18	是
00740B	富邦彭博 10 年期（以上）BBB 美元息收公司債券 ETF 證券投資信託基金	彭博巴克萊 10 年期以上 BBB 美元息收公司債（中國除外）指數	國外成分證券指數股票型基金	107/06/08	107/05/30	是
00741B	富邦彭博優選 1-5 年非投資等級債券 ETF 證券投資信託基金	彭博巴克萊優選 1-5 年高收益（中國除外）債券指數	國外成分證券指數股票型基金	107/06/08	107/05/30	是
00744B	國泰富時中國 5 年期以上政策金融債券 ETF 證券投資信託基金	富時中國政策性銀行債 5 年期以上指數	國外成分證券指數股票型基金	107/08/03	107/07/25	是
00745B	富邦多元收益 ETF 傘型證券投資信託基金之富邦中國政策金融債券 0-1 年 ETF 證券投資信託基金	富時中國政策金融債券 0-1 年指數	國外成分證券指數股票型基金	107/08/15	107/08/01	是
00746B	富邦多元收益 ETF 傘型證券投資信託基金之富邦彭博 9-35 年 A 級美元息收公司債券 ETF 證券投資信託基金	彭博巴克萊美元公司債 A 等級 9-35 年發行人 3% 限制指數	國外成分證券指數股票型基金	107/08/15	107/08/01	是
00747B	復華中國 5 年期以上政策性金融債券 ETF 證券投資信託基金	彭博 5 年期以上中國政策性金融債券指數	國外成分證券指數股票型基金	107/09/04	107/08/23	是
00748B	凱基 3 至 10 年期中國政策金融債券 ETF 證券投資信託基金	彭博巴克萊中國政策金融債 3-10 年期債券指數	國外成分證券指數股票型基金	107/09/20	107/09/05	是
00749B	凱基 10 年期以上新興市場 BBB 美元主權債及類主權債券 ETF 證券投資信託基金	彭博巴克萊新興市場 10 年期以上 BBB 美元主權債及類主權債國家 15% 上限指數	國外成分證券指數股票型基金	107/09/20	107/09/05	是
00750B	凱基 10 年期以上科技業公司債券 ETF 證券投資信託基金	彭博巴克萊 10 年期以上美元科技業公司債指數	國外成分證券指數股票型基金	107/09/20	107/09/05	是
00751B	元大 20 年期以上 AAA 至 A 級美元公司債券 ETF 證券投資信託基金	彭博美國 20+ 年期 AAA-A 公司債流動性指數	國外成分證券指數股票型基金	107/10/03	107/09/20	是
00754B	群益投資等級債券 ETF 傘型證券投資信託基金之群益 15 年期以上高評等公司債 ETF 證券投資信託基金	ICE 15 年期以上高評等公司債指數	國外成分證券指數股票型基金	107/10/22	107/10/15	是
00755B	群益投資等級債券 ETF 傘型證券投資信託基金之群益 15 年期以上公用事業公司債 ETF 證券投資信託基金	ICE 15 年期以上公用事業公司債指數	國外成分證券指數股票型基金	107/10/22	107/10/15	是
00756B	群益投資等級債券 ETF 傘型證券投資信託基金之群益 15 年期以上新興市場主權債 ETF 證券投資信託基金	ICE 15 年期以上新興市場主權債指數	國外成分證券指數股票型基金	107/10/22	107/10/15	是
00758B	復華特選債券傘型證券投資信託基金之復華 15 年期以上能源業債券 ETF 證券投資信託基金	彭博 15 年期以上美元能源業公司債券指數	國外成分證券指數股票型基金	107/11/14	107/11/02	是

（接下頁）

代號	基金名稱	追蹤指數	基金類型	上市日期	成立日期	外國成份
00759B	復華特選債券傘型證券投資信託基金之復華 15 年期以上製藥業債券 ETF 證券投資信託基金	彭博 15 年期以上美元製藥業公司債券指數	國外成分證券指數股票型基金	107/11/14	107/11/02	是
00760B	復華特選債券傘型證券投資信託基金之復華新興市場企業債券 ETF 證券投資信託基金	彭博新興市場美元精選信用債券指數	國外成分證券指數股票型基金	107/11/14	107/11/02	是
00761B	國泰 10 年期以上 A 等級美元公司債券 ETF 證券投資信託基金（原名：國泰彭博巴克萊 10 年期以上 A 等級美元公司債券 ETF 證券投資信託基金）	彭博 10 年期以上高評等流動性美元公司債指數	國外成分證券指數股票型基金	107/11/30	107/11/20	是
00764B	群益 25 年期以上美國政府債券 ETF 證券投資信託基金	ICE 25 年期以上美國政府債券指數	國外成分證券指數股票型基金	107/12/24	107/12/05	是
00765B	群益 10 年期以下中國政策性金融債券 ETF 基金	ICE 10 年期以下中國政策性金融債券指數	國外成分證券指數股票型基金	107/12/24	107/12/05	是
00768B	復華多元資產傘型證券投資信託基金之復華美國 20 年期以上公債 ETF 證券投資信託基金	彭博20年期（以上）美國公債指數	國外成分證券指數股票型基金	108/01/28	108/01/15	是
00769B	復華多元資產傘型證券投資信託基金之復華中國特選信用債券 ETF 證券投資信託基金	彭博巴克萊中國特選信用債券指數	國外成分證券指數股票型基金	108/01/28	108/01/15	是
00772B	中國信託多元收益債券 ETF 傘型之中國信託 10 年期以上高評級美元公司債券 ETF 證券投資信託基金	彭博 10 年期以上高評級美元公司債指數	國外成分證券指數股票型基金	108/01/29	108/01/19	是
00773B	中國信託多元收益債券 ETF 傘型之中國信託 10 年期以上優先順位金融債券 ETF 證券投資信託基金	彭博 10 年期以上優先順位金融債指數	國外成分證券指數股票型基金	108/01/29	108/01/19	是
00777B	凱基 15 年期以上 AAA 至 A 級美元公司債券 ETF 證券投資信託基金	彭博 15 年期以上 AAA 至 A 級美元公司債精選指數	國外成分證券指數股票型基金	108/02/14	108/01/29	是
00778B	凱基 20 年期以上美元金融債券 ETF 證券投資信託基金	彭博 20 年期以上美元金融債券指數	國外成分證券指數股票型基金	108/02/14	108/01/29	是
00779B	凱基 25 年期以上美國公債 ETF 證券投資信託基金	彭博巴克萊 25 年期以上美國公債指數	國外成分證券指數股票型基金	108/02/14	108/01/29	是
00780B	國泰旗艦產業 ETF 傘型證券投資信託基金之 7-10 年 A 等級金融產業債券證券投資信託基金	彭博 7-10 年美元金融債精選指數	國外成分證券指數股票型基金	108/03/07	108/02/25	是
00781B	國泰 15 年期以上 A 等級科技產業債券證券投資信託基金	彭博 15 年期以上科技業美元公司債精選指數	國外成分證券指數股票型基金	108/03/07	108/02/25	是
00782B	國泰 15 年期以上 A 等級公用事業產業債券基金	彭博 15 年期以上公用事業美元公司債精選指數	國外成分證券指數股票型基金	108/03/07	108/02/25	是
00784B	富邦多元收益 II ETF 傘型證券投資信託基金之富邦中國美元投資等級債券 ETF 證券投資信託基金	富邦中國美元投資等級債指數	國外成分證券指數股票型基金	108/03/27	108/03/20	是
00785B	富邦多元收益 II ETF 傘型證券投資信託基金之富邦全球金融業 10 年以上美元投等債券 ETF 證券投資信託基金	富時全球銀行產業 10 年以上美元投等債指數	國外成分證券指數股票型基金	108/03/27	108/03/20	是
00786B	元大 10 年期以上美元投資級銀行債券 ETF 證券投資信託基金	富時世界美元計價 10 年期以上投資級銀行債券指數	國外成分證券指數股票型基金	108/04/02	108/03/22	是

（接下頁）

代號	基金名稱	追蹤指數	基金類型	上市日期	成立日期	外國成份
00787B	元大 10 年期以上美元投資級醫療保健債券 ETF 證券投資信託基金	富時世界美元計價 10 年期以上投資級醫療保健債券指數	國外成分證券指數股票型基金	108/04/02	108/03/22	是
00788B	元大 10 年期以上美元投資級公共事業電能債券 ETF 證券投資信託基金	富時世界美元計價 10 年期以上投資級公共事業電能債券指數	國外成分證券指數股票型基金	108/04/02	108/03/22	是
00789B	復華精選美元債券傘型證券投資信託基金之復華 20 年期以上 A3 級以上公司債 ETF 證券投資信託基金	彭博 20 年期以上美元 A3 級以上公司債流動性指數	國外成分證券指數股票型基金	108/03/20	108/03/08	是
00790B	復華精選美元債券傘型證券投資信託基金之復華 8 年期以上次順位金融券 ETF 證券投資信託基金	彭博 8 年期以上美元次順位金融債指數	國外成分證券指數股票型基金	108/03/20	108/03/08	是
00791B	復華精選美元債券傘型證券投資信託基金之復華 1 至 5 年期美元特選信用債券 ETF 證券投資信託基金	彭博 1 至 5 年期美元特選信用債券指數	國外成分證券指數股票型基金	108/03/20	108/03/08	是
00792B	群益特選債券 ETF 傘型證券投資信託基金之群益 15 年期以上 A 級美元公司債 ETF 證券投資信託基金	ICE 15 年期以上 A 級成熟市場大型美元公司債指數	國外成分證券指數股票型基金	108/04/03	108/03/27	是
00793B	群益特選債券 ETF 傘型證券投資信託基金之群益 15 年期以上 AAA-A 醫療保健業美元公司債 ETF 證券投資信託基金	ICE 15 年期以上 AAA-A 成熟市場大型醫療保健美元公司債指數	國外成分證券指數股票型基金	108/04/03	108/03/27	是
00794B	群益特選債券 ETF 傘型證券投資信託基金之群益 7 年期以上中國政策性金融債 ETF 證券投資信託基金	ICE 7 年期以上中國大型政策性金融債指數	國外成分證券指數股票型基金	108/04/30	108/03/27	是
00795B	中國信託投資等級債券 ETF 傘型證券投資信託基金之中國信託美國政府 20 年期以上債券 ETF 證券投資信託基金	彭博 20 年期（以上）美國公債指數	國外成分證券指數股票型基金	108/04/11	108/04/01	是
00796B	中國信託投資等級債券 ETF 傘型之中國信託中國國債及政策性金融券 7 至 10 年期債券 ETF 證券投資信託基金	彭博中國國債及政策性金融債 7 至 10 年期債券指數	國外成分證券指數股票型基金	108/04/30	108/04/01	是
00797B	中國信託投資等級債券 ETF 傘型之中國信託中國 5 年期以上美元投資級公司債券 ETF 證券投資信託基金	彭博巴克萊中國 5 年期以上美元投資級公司債指數	國外成分證券指數股票型基金	108/04/11	108/04/01	是
00798B	國泰中國企業 7 年期以上美元 A 級債券證券投資信託基金	富時中國美元投資級 (A- 以上) 債券七年期以上精選指數	國外成分證券指數股票型基金	108/05/03	108/04/23	是
00799B	國泰 15 年期以上 A 等級醫療保健產業債券基金	彭博 15 年期以上醫療保健業美元公司債精選指數	國外成分證券指數股票型基金	108/05/03	108/04/23	是
00831B	新光精選收益 ETF 傘型證券投資信託基金之新光美國政府 1 至 3 年期債券 ETF 證券投資信託基金	ICE 美林美國政府 1-3 年期債券指數	國外成分證券指數股票型基金	108/04/26	108/04/18	是
00832B	新光精選收益 ETF 傘型證券投資信託基金之新光美國政府 20 年期（以上）債券 ETF 證券投資信託基金	ICE 美林美國政府 20 年期（以上）債券指數	國外成分證券指數股票型基金	108/04/26	108/04/18	是
00833B	第一金優債收息 ETF 傘型基金之第一金彭博巴克萊美國 20 年期以上公債指數 ETF 基金	彭博巴克萊美國 20 年期以上公債指數	國外成分證券指數股票型基金	108/05/09	108/04/29	是

（接下頁）

代號	基金名稱	追蹤指數	基金類型	上市日期	成立日期	外國成份
00834B	第一金優債收息 ETF 傘型基金之第一金彭博巴克萊美國 10 年期以上金融債券指數 ETF 基金	彭博美國 10 年期以上金融債券指數	國外成分證券指數股票型基金	108/05/09	108/04/29	是
00835B	第一金優債收息 ETF 傘型基金之第一金彭博巴克萊美國 10 年期以上科技業公司債券指數 ETF 基金	彭博巴克萊美國 10 年期以上科技業公司債券指數	國外成分證券指數股票型基金	108/05/09	108/04/29	是
00836B	永豐 10 年期以上美元 A 級公司債券 ETF 證券投資信託基金	ICE 10 年期以上美元 A 級公司債券指數	國外成分證券指數股票型基金	108/05/22	108/05/14	是
00837B	永豐 15 年期以上美元 A-BBB 級金融業公司債券 ETF 證券投資信託基金	ICE 15 年期以上美元 A-BBB 級金融業公司債券指數	國外成分證券指數股票型基金	108/05/22	108/05/14	是
00838B	永豐 7 至 10 年期中國政策性金融債券 ETF 證券投資信託基金	ICE 7 至 10 年期中國政策性金融債券指數	國外成分證券指數股票型基金	108/06/13	108/05/14	是
00839B	凱基 15 年期以上美元醫療保健及製藥債券 ETF 證券投資信託基金	彭博巴克萊 15 年期以上美元醫療保健及製藥債券指數	國外成分證券指數股票型基金	108/06/10	108/05/31	是
00840B	凱基 15 年期以上美元投資等級精選公司債券 ETF 證券投資信託基金	彭博巴克萊 15 年期以上美元投資等級精選公司債券指數	國外成分證券指數股票型基金	108/06/10	108/05/31	是
00841B	凱基 20 年期以上 AAA 至 AA 級大型美元公司債券 ETF 證券投資信託基金	ICE 20 年期以上 AAA 至 AA 級大型美元公司債券指數	國外成分證券指數股票型基金	108/06/10	108/05/31	是
00842B	台新美元銀行債券 15 年期以上 ETF 證券投資信託基金	彭博美元銀行債 15 年期以上指數	國外成分證券指數股票型基金	108/06/14	108/06/04	是
00843B	台新中國政策金融債券 5 年期以上 ETF 基金	彭博中國政策金融債 5 年期以上 150 億指數	國外成分證券指數股票型基金	108/07/19	108/06/04	是
00844B	新光首選收益傘型證券投資信託基金之新光 15 年期（以上）美元金融債券 ETF 證券投資信託基金	ICE 美林 15 年期以上美元金融債指數	國外成分證券指數股票型基金	108/07/18	108/07/11	是
00845B	富邦多元收益 III ETF 傘型基金之富邦中國以外新興市場美元 5 年以上投資等級債券 ETF 證券投資信託基金	富時中國以外新興市場美元 5 年以上投資等級債券指數	國外成分證券指數股票型基金	108/07/16	108/07/05	是
00846B	富邦多元收益 III ETF 傘型證券投資信託基金之富邦彭博歐洲區美元 7-15 期銀行債 ETF 證券投資信託基金	彭博巴克萊歐洲區美元 7-15 期銀行債指數	國外成分證券指數股票型基金	108/07/16	108/07/05	是
00847B	中國信託多元入息債券 ETF 傘型證券投資信託基金之中國信託美國高評級市政債券 ETF 證券投資信託基金	彭博美國長天期政府及高評級市政債券指數	國外成分證券指數股票型基金	108/07/30	108/07/23	是
00848B	中國信託多元入息債券 ETF 傘型基金之中國信託新興亞洲（不含中國）美元精選綜合債券 ETF 證券投資信託基金	彭博新興亞洲（不含中國）美元精選綜合債券指數	國外成分證券指數股票型基金	108/07/30	108/07/23	是
00849B	中國信託多元入息債券 ETF 傘型證券投資信託基金之中國信託新興市場 0-5 年期美元政府債券 ETF 證券投資信託基金	ICE 新興市場 0-5 年期美元政府債券指數	國外成分證券指數股票型基金	108/07/30	108/07/23	是
00853B	統一彭博 10 年期以上 Aa 至 A 級美元優質公司債券 ETF 證券投資信託基金	彭博 10 年期以上 Aa 至 A 級美元優質公司債券指數	國外成分證券指數股票型基金	108/09/04	108/08/27	是

（接下頁）

代號	基金名稱	追蹤指數	基金類型	上市日期	成立日期	外國成份
00854B	富邦多元收益IV傘型之富邦彭博巴克萊全球美元 10 年以上保險業投資等級債 ETF 證券投資信託基金	彭博巴克萊美元保險債 10 年以上指數	國外成分證券指數股票型基金	108/10/24	108/10/15	是
00855B	富邦多元收益IV傘型之富邦彭博巴克萊全球美元 10 年以上能源業投資等級債 ETF 證券投資信託基金	彭博巴克萊美元能源債 10 年以上指數	國外成分證券指數股票型基金	108/10/24	108/10/15	是
00856B	永豐 1 至 3 年期美國公債 ETF 證券投資信託基金	ICE 1-3 年期美國公債指數	國外成分證券指數股票型基金	108/09/30	108/09/19	是
00857B	永豐 20 年期以上美國公債 ETF 證券投資信託基金	ICE 20 年期以上美國公債指數	國外成分證券指數股票型基金	108/09/30	108/09/19	是
00858	永豐美國大型 500 股票 ETF 證券投資信託基金	STOXX 美國 500 股票指數	國外成分證券指數股票型基金	108/09/30	108/09/19	是
00859B	群益全方位收益傘型證券投資信託基金之群益 0-1 年期美國政府債券 ETF 證券投資信託基金	ICE BofAML 0-1 年期美國政府公債指數	國外成分證券指數股票型基金	108/10/18	108/10/08	是
00860B	群益全方位收益傘型證券投資信託基金之群益 1-5 年期投資等級公司債 ETF 證券投資信託基金	ICE 1-5 年期成熟市場超大型美元公司債指數	國外成分證券指數股票型基金	108/10/18	108/10/08	是
00862B	中國信託優選收益債券 ETF 傘型證券投資信託基金之中國信託 20 年期以上 BBB 級美元公司債券 ETF 證券投資信託基金	彭博 20 年期以上 BBB 級美元公司債券指數	國外成分證券指數股票型基金	108/10/18	108/10/08	是
00863B	中國信託優選收益債券 ETF 傘型證券投資信託基金之中國信託 10 年期以上電信業美元公司債券 ETF 證券投資信託基金	彭博 10 年期以上電信業美元公司債券指數	國外成分證券指數股票型基金	108/10/18	108/10/08	是
00864B	中國信託優選收益債券 ETF 傘型證券投資信託基金之中國信託美國政府 0 至 1 年期債券 ETF 證券投資信託基金	ICE 美國政府 0 至 1 年期債券指數	國外成分證券指數股票型基金	108/10/18	108/10/08	是
00867B	新光優質收益 ETF 傘型證券投資信託基金之新光 15 年期（以上）A-BBB 美元電信債券 ETF 證券投資信託基金	ICE 美林 15 年期（以上）A-BBB 美元電信債指數	國外成分證券指數股票型基金	108/11/15	108/11/08	是
00868B	富蘭克林華美 1 至 3 年期美國政府公債 ETF 基金	彭博巴克萊 1 至 3 年期美國政府公債指數	國外成分證券指數股票型基金	108/12/13	108/12/06	是
00869B	富蘭克林華美 10 至 25 年期投資級美元公司債 ETF 基金	彭博巴克萊 10 至 25 年期美元公司債指數	國外成分證券指數股票型基金	108/12/13	108/12/06	是
00870B	元大新興債 ETF 傘型證券投資信託基金之元大 15 年期以上新興市場主權債 ETF 證券投資信託基金	ICE 新興市場 15 年期以上美元主權債券指數	國外成分證券指數股票型基金	109/01/09	108/12/26	是
00871B	元大新興債 ETF 傘型證券投資信託基金之元大中國政策性金融債 5 年期以上債券 ETF 證券投資信託基金	彭博巴克萊中國政策性金融債 5 年期以上債券指數	國外成分證券指數股票型基金	109/02/14	108/12/26	是
00872B	凱基 1 至 3 年期美國公債 ETF 證券投資信託基金	彭博巴克萊 1 至 3 年期美國公債指數	國外成分證券指數股票型基金	109/01/09	108/12/30	是
00873B	凱基 1 至 5 年期新興市場（中國除外）美元債券 ETF 證券投資信託基金	彭博巴克萊 1 至 5 年期新興市場（中國除外）美元債券指數	國外成分證券指數股票型基金	109/01/09	108/12/30	是

（接下頁）

代號	基金名稱	追蹤指數	基金類型	上市日期	成立日期	外國成份
00874B	凱基 15 年期以上 BBB 級美元公司債券 ETF 證券投資信託基金	彭博巴克萊 15 年期以上 BBB 級優先順位美元公司債指數	國外成分證券指數股票型基金	109/01/09	108/12/30	是
00877	復華中國 5G 通信 ETF 證券投資信託基金	中証 5G 通信主題指數	國外成分證券指數股票型基金	109/07/22	109/07/14	是
00879B	第一金優債收息 II ETF 傘型基金之第一金 ICE 美國 0-1 年期公債指數 ETF 基金	ICE 0-1 年期美國公債指數	國外成分證券指數股票型基金	109/08/18	109/08/06	是
00880B	第一金優債收息 II ETF 傘型基金之第一金 ICE 15 年期以上電信業美元公司債券指數 ETF 基金	ICE 15 年期以上電信業美元公司債券指數	國外成分證券指數股票型基金	109/08/18	109/08/06	是
00883B	中國信託全球收益 ETF 傘型證券投資信託基金之中國信託 15 年期以上已開發市場 ESG 投資級美元公司債券 ETF 基金	ICE 15 年期以上已開發市場 ESG 美元投資級公司債指數	國外成分證券指數股票型基金	110/02/04	110/01/27	是
00884B	中國信託全球收益 ETF 傘型證券投資信託基金之中國信託 15 年期以上新興市場美元主權低碳債券 ETF 基金	ICE 15 年期以上新興市場美元主權低碳債券指數	國外成分證券指數股票型基金	110/02/04	110/01/27	是
00886	永豐美國科技 ETF 證券投資信託基金	美國科技股票指數	國外成分證券指數股票型基金	110/03/31	110/03/23	是
00887	永豐中國科技 50 大 ETF 證券投資信託基金	中証科技 50 指數	國外成分證券指數股票型基金	110/03/31	110/03/23	是
00888	永豐台灣 ESG 永續優質 ETF 證券投資信託基金	富時台灣 ESG 優質指數	國內成分證券指數股票型基金	110/03/31	110/03/23	否
00889B	凱基 15 年期以上美元投資級新興市場 ESG 永續債券 ETF 證券投資信託基金	彭博 MSCI 15 年以上美元投資級新興市場 ESG 永續債券指數	國外成分證券指數股票型基金	110/05/10	110/05/03	是
00890B	凱基 15 年期以上美元 BBB 級 ESG 永續公司債券 ETF 證券投資信託基金	彭博 MSCI 15 年以上美元 BBB 級 ESG 永續公司債指數	國外成分證券指數股票型基金	110/05/10	110/05/03	是

資料來源：台灣證券交易所

最新資訊掃碼 QRCODR

https://www.twse.com.tw/zh/products/securities/etf/products/list.html

台灣廣廈 國際出版集團
Taiwan Mansion International Group

國家圖書館出版品預行編目（CIP）資料

ETF大贏家！股魚教你紅綠燈超簡單投資術 / 股魚著.
-- 初版. -- 新北市：臺灣廣廈, 2018.12
　　　面；　公分
　　ISBN 978-986-130-415-1(平裝)

　1.基金　2.投資

563.5　　　　　　　　　　　　　　　　107019625

ETF大贏家！
股魚教你紅綠燈超簡單投資術

作　　　者／股魚	編輯中心／第五編輯室
	編 輯 長／方宗廉
	封面設計／十六設計有限公司
	製版・印刷・裝訂／東豪・紘億・弼聖・秉成

行企研發中心總監／陳冠蒨	線上學習中心總監／陳冠蒨
媒體公關組／陳柔彣	數位營運組／顏佑婷
綜合業務組／何欣穎	企製開發組／江季珊、張哲剛

發 行 人／江媛珍
法 律 顧 問／第一國際法律事務所 余淑杏律師・北辰著作權事務所 蕭雄淋律師
出　　　版／台灣廣廈有聲圖書有限公司
　　　　　　地址：新北市235中和區中山路二段359巷7號2樓
　　　　　　電話：（886）2-2225-5777・傳真：（886）2-2225-8052

代理印務・全球總經銷／知遠文化事業有限公司
　　　　　　地址：新北市222深坑區北深路三段155巷25號5樓
　　　　　　電話：（886）2-2664-8800・傳真：（886）2-2664-8801
郵 政 劃 撥／劃撥帳號：18836722
　　　　　　劃撥戶名：知遠文化事業有限公司（※單次購書金額未達1000元，請另付70元郵資。）

■ 出版日期：2019年1月　　　■ 初版14刷：2024年3月
ISBN：978-986-130-415-1